KiWi
PAPERBACK
1184

Das Buch

Jörg Metes hat unglaubliche, aber wahre Geschichten von Weihnachtskatastrophen aus aller Welt gesammelt. Er erzählt von einer Haftanstalt in Arizona, in der die Häftlinge den Direktor verklagen, weil der sie den ganzen Tag mit Weihnachtsliedern beschallen läßt, von Riesenrädern, die auf deutschen Weihnachtsmärkten auch häufig dann schon stehenbleiben, wenn die Fahrt noch gar nicht beendet ist, und von einer 13 Meter hohen Weihnachtsziege im schwedischen Gävle, die seit 40 Jahren immer und immer wieder Feuer fängt.

Man bekommt in einer höchst tröstlichen Fülle von Beispielen vor Augen geführt: Weihnachten geht auch bei anderen Leuten schief.

Der Autor

Jörg Metes, geboren 1959 in Düsseldorf, wurde mit 26 Jahren jüngster Titanic-Chefredakteur aller Zeiten und schreibt bis heute komische Texte für Bühne, Film und Funk. Zusammen mit Tex Rubinowitz veröffentlichte er: »Die sexuellen Phantasien der Kohlmeisen« (KiWi 1159).

Jörg Metes

Die schönsten Weihnachtskatastrophen aus aller Welt

Mit Illustrationen
von Rudi Klein

Kiepenheuer & Witsch

2. Auflage 2010

© 2010, Verlag Kiepenheuer & Witsch, Köln
Alle Rechte vorbehalten. Kein Teil des Werkes darf in
irgendeiner Form (durch Fotografie, Mikrofilm oder ein
anderes Verfahren) ohne schriftliche Genehmigung des
Verlages reproduziert oder unter Verwendung elektronischer
Systeme verarbeitet, vervielfältigt oder verbreitet werden.
Umschlaggestaltung: Barbara Thoben, Köln
Umschlagmotiv: © Getty Images / UpperCut Images
Illustrationen im Text: © Rudi Klein
Gesetzt aus der ITC Legacy Serif
Satz: Buch-Werkstatt GmbH, Bad Aibling
Druck und Bindearbeiten: CPI – Clausen & Bosse, Leck
ISBN 978-3-462-04259-7

Inhalt

Weihnachten – ein Spiel mit dem Feuer

Alle Geschichten in diesem Buch sind wahr. Alle beruhen sie auf Meldungen und Berichten, die in seriösen Medien zu lesen waren. Alle handeln sie von Dingen, die schiefgegangen sind. Und alle haben sie sich in der Weihnachtszeit zugetragen.

Es gibt sehr vieles, was an Weihnachten – und nur an Weihnachten – schiefgehen kann. Weihnachtsbräuche bergen Gefahren, die anders sind als andere. Ärzte, Psychologen, Juristen, Polizisten, Versicherungsexperten und Feuerwehrleute sprechen Jahr für Jahr aufs neue Warnungen aus, aber das nötige Gehör finden sie nicht.

Die Liste der Bescherungsunfälle, mit denen es die Ärzte in den Notaufnahmen jedes Jahr zu tun haben, ist lang. Selbst einen einfachen Pullover mit Reißverschluß kann man sich falsch über den Kopf streifen – und, wie aus England berichtet wird, im Reißverschluß dann das Augenlid einklemmen. Ungeahnte Gefahren gehen, wie wir ebenfalls aus England hören, zum Beispiel von einfachen Fotokopiergeräten aus. Die Glasscheibe eines Kopierers, so warnt der britische Gewerkschaftsbund TUC, halte nicht jedem Körpergewicht stand. Wer, wie es bei britischen Betriebsweihnachtsfeiern offenbar nicht unüblich ist, eine Foto-

kopie seines nackten Hinterteils machen wolle, könne das Glas zum Brechen bringen und sich Schnittverletzungen zuziehen.

Was schiefgehen kann, das geht auch schief. Weihnachtsfeiern arten aus, Weihnachtsbäume stürzen in Weihnachtsmärkte, Weihnachtsmänner fallen aus der Rolle, Weihnachtsgeschenke entzweien Familien, Weihnachtsmusik treibt Menschen in den Wahnsinn. Weihnachtszeit ist Krisenzeit. Die Krisenspezialisten warnen, aber nicht einmal sie selbst bleiben verschont. Das vielleicht warnendste Beispiel von allen hat vor Jahren die Feuerwehr von Grand Blanc gegeben, einer Gemeinde im US-Bundesstaat Michigan.

Die Feuerwehr wollte vorführen, wie gefährlich Weihnachtsbaumbrände sind. Sie wollte es für die Kameraleute zweier lokaler Fernsehsender vorführen. Die Vorführung  fand in einem leerstehenden alten Haus statt. Die Feuerwehrleute stellten in einem Raum im ersten Stock einen Weihnachtsbaum auf, setzten ihn in Brand und ließen die Kameraleute filmen. Der Brand freilich entwickelte sich heftiger als geplant. Er geriet außer Kontrolle, die Feuerwehrleute forderten die Kameraleute auf, das Haus sofort zu verlassen, doch die Kameraleute filmten weiter. Sie wandten sich erst zur Flucht, als sie vor lauter Rauch schon nichts mehr sehen konnten. Sie stolperten über ihre eigenen Kabel und stürzten die Treppe hinunter. Innerhalb einer Minute stand das gesamte Haus in Flammen. Für die Feuerwehr endete die Vorführung mit einem

Großeinsatz, für die beiden Kameraleute, den Chef der Feuerwehr und einen seiner Männer im Krankenhaus.

Alle Geschichten in diesem Buch sind wahr. Alle sind sie für diejenigen, die in ihnen vorkommen, eher peinlich. Alle bieten sie gleichwohl zumindest den einen kleinen Trost: Es hat in ihnen zwar viele Verletzte gegeben, aber nicht einen einzigen Toten.

Weihnachten ist eine Katastrophe. Doch wir können sie überleben.

Sonderkommission Plätzchendiebstahl

Weihnachtskatastrophen
aus
Deutschland

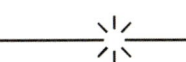

Sonderkommission ermittelt in Plätzchendiebstahl

Es begann mit ein paar Weihnachtsplätzchen und wuchs sich zum wohl spektakulärsten Kriminalfall des Jahres aus. Vertrauliche Daten von 130 000 deutschen Kreditkartenbesitzern gerieten in falsche Hände. Die Landesbank Berlin bildete einen Krisenstab, die Landeskriminalämter von Berlin und Hessen bildeten Sonderkommissionen, und der Unterausschuß Datenschutz des Berliner Abgeordnetenhauses trat zu einer Sondersitzung zusammen. Es war, wie ein Mitglied des Ausschusses es formulieren sollte, ein »Super-GAU«. Bei einer Frankfurter Tageszeitung war eine Paketsendung mit 130 000 Kreditkartenabrechnungen auf Mikrofilm eingegangen, und eine Woche lang konnte niemand sich erklären, warum.

Den beiliegenden Dokumenten zufolge stammten die Mikrofilme von einer Datenverarbeitungsfirma in Frankfurt und waren für die Landesbank in Berlin bestimmt. Dem Adreßaufkleber zufolge kamen sie von einem Unternehmen in Stuttgart und sollten an den Chefredakteur der Zeitung in Frankfurt gehen. Das Stuttgarter Unternehmen hatte weder mit der Datenverarbeitungsfirma noch mit der Landesbank etwas zu tun und konnte glaubhaft darlegen, dem Chefredakteur zwar in der Tat ein Paket geschickt zu haben, aber lediglich eines, das etwas Weihnachtsgebäck und Schokolade enthielt. Die Polizei stand vor einem Rätsel. Wie waren die Mikrofilme aus Frankfurt in ein Paket aus Stuttgart gelangt?

Die Polizei vernahm Mitarbeiter der Datenverarbeitungsfirma und der Bank sowie des Kurierdienstes, der das Paket mit den Mikrofilmen zugestellt hatte. Der Bundesdatenschutzbeauftragte kam zu der Einschätzung, daß auf

dem Gebiet des Datendiebstahls eine »neue kriminelle Dimension« erreicht sei. Es war zwar eine Einschätzung, die nur eine Woche Bestand haben sollte, aber in dieser einen Woche teilte sie so gut wie jeder. Der stellvertretende Berliner Datenschutzbeauftragte verlangte eine Verschärfung des Datenschutzgesetzes, die Bundesjustizministerin forderte eine personelle Aufstockung der Datenschutzbehörden, der innenpolitische Sprecher der SPD-Bundestagsfraktion forderte gar die Einrichtung einer eigenen Datenschutzpolizei. Und alle waren sie entrüstet über den Leichtsinn der Datenverarbeitungsfirma: Die Mikrofilme für die Landesbank waren in einem ganz normalen Paket und auf dem ganz normalen Versandweg verschickt worden. In Zukunft, forderte der Berliner Beauftragte, müßten für einen Transport von sensiblen Kundendaten dieselben Sicherheitsvorkehrungen getroffen werden wie etwa für einen Geldtransport.

Die Entrüstung schien berechtigt, doch bei der Lösung des Falls half sie nicht weiter. Wie und warum hatten die Datendiebe sich die Mikrofilme verschafft? Wie und warum hatten sie die Filme an den Chefredakteur wei-

tergeleitet? Und wo war überhaupt das Weihnachtsgebäck aus Stuttgart abgeblieben, das der Kurierdienst dem Chefredakteur ursprünglich hätte überbringen sollen? – Während die Politik in Berlin über Datenschutz im allgemeinen diskutierte, interessierte die Polizei in Frankfurt sich mehr und mehr für den Kurierdienst und für die Wege, die ein Paket nimmt, wenn es von Stuttgart nach Frankfurt oder von Frankfurt nach Berlin verschickt wird. Während sich im Abgeordnetenhaus in Berlin die Mitglieder des Untersuchungsausschusses Datenschutz auf ihre Sondersitzung vorbereiteten, meldeten sich bei der Polizei in Frankfurt zwei Mitarbeiter des Kurierdienstes, die etwas zu gestehen hatten. Und während der Untersuchungsausschuß in Berlin noch tagte, verschickte die Staatsanwaltschaft in Frankfurt bereits eine Pressemitteilung. Des Rätsels Lösung hatte mit den Mikrofilmen gar nichts zu tun. Der Schlüssel zur Lösung war es gewesen, den Fall nicht als Daten-, sondern vielmehr als Plätzchendiebstahl zu behandeln.

Das Geständnis, das die beiden Mitarbeiter des Kurierdienstes ablegten, war umfassend. Wir wissen heute recht genau, wie es geschehen konnte, daß sich eine Paketsendung von Frankfurt nach Berlin in eine von Stuttgart nach Frankfurt verwandelt. Die Verwandlung hat in einer Sammelstelle des Kurierdienstes in Mainz stattgefunden. Die beiden Mitarbeiter waren Kurierfahrer. Sie hatten insgesamt sechs Pakete mit Mikrofilmen von der Datenverarbeitungsfirma abgeholt, sie hatten sie für den Weitertransport nach Berlin in die Sammelstelle gebracht, und sie hatten sich unter den Paketen, die dort wiederum zur Auslieferung in Frankfurt bereitlagen, nach einem umgesehen,

17

das etwas Eßbares enthielt. Die Fahrer waren hungrig. Daß das Paket für den Frankfurter Chefredakteur Weihnachtsgebäck enthalten mußte, erkannten sie gleich; daß sich in den Paketen für die Berliner Landesbank vertrauliche Kundendaten befanden, ahnten sie nicht einmal. Im Gegenteil: Die Pakete für die Landesbank sahen aus, als käme es auf eines mehr oder weniger nicht an. Der Kennzeichnung zufolge enthielten sie lediglich Briefumschläge. Und also stahlen die Kurierfahrer das Plätzchenpaket und klebten, um für den Chefredakteur irgendeine Ersatzsendung zu haben, das Etikett aus Stuttgart auf eines der vermeintlich unwichtigen Pakete nach Berlin.

Die beiden Kurierfahrer sind offensichtlich nicht eben die hellsten Köpfe gewesen. Als einen Vorstoß in eine neue kriminelle Dimension konnte man ihre Tat nun wirklich nicht bezeichnen. Der angeblich größte Datenskandal des Jahres entpuppte sich als der in Wahrheit allergrößte Fehlalarm. Und sogar noch dümmer als die beiden Kurierfahrer standen mit einemmal alle diejenigen da, die den Alarm ausgerufen hatten: Politiker, Datenschützer und Journalisten.

Für ihre Dummheit freilich bestraft worden sind am Ende allein die beiden Kurierfahrer. Ein halbes Jahr später sprach sie das Amtsgericht Frankfurt des sogenannten Diebstahls geringwertiger Sachen schuldig und verurteilte den einen zu einer Geldstrafe von 720, den anderen zu einer von 960 Euro. Der Frankfurter Chefredakteur dagegen, der das angeblich »gigantische Datenleck« auf der Titelseite seiner Zeitung überhaupt erst öffentlich gemacht hatte, erhielt nicht einmal einen Bußgeldbescheid

wegen groben Unfugs. Niemand erhielt einen. Kein Untersuchungsausschuß hat sich je mit der Frage befaßt, inwieweit ein Datenschutzbeauftragter, der Kundendaten nur mehr in gepanzerten Fahrzeugen transportieren lassen will, überhaupt noch zurechnungsfähig ist. Die beiden Kurierfahrer wurden entlassen, die Politiker und die Datenschützer und die Journalisten dagegen sind Politiker und Datenschützer und Journalisten geblieben.

Nicht die Frankfurter Datenverarbeitungsfirma hat leichtsinnig gehandelt, sondern das Stuttgarter Unternehmen. Nicht auf die Mikrofilme hatten die Diebe es abgesehen, sondern auf die Plätzchen. Nicht der Versand von Kundendaten, sondern der Versand von Weihnachtsgebäck auf dem normalen Postweg gehört hinterfragt. Wer unbedingt strengere Sicherheitsvorschriften will, der sollte sie erst einmal für den Versand von Weihnachtsplätzchen fordern. Ein Untersuchungsausschuß Plätzchenschutz hat uns zwar gerade noch gefehlt, aber einen verlangen kann man ja trotzdem mal. Wenn wir es nicht tun, tut es eh irgendwann ein anderer.

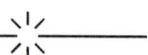

Spendenaktion verbittet sich Spenden

Die Idee war gut. Kinder, die in Armut lebten, sollten zu Weihnachten Wunschzettel schreiben; Erwachsene, die Geld hatten, sollten helfen, die Wünsche zu erfüllen. Ein Wohltätigkeitsverein in Kassel überlegte nicht lange und rief eine Spendenaktion ins Leben. Die Idee war sogar so gut, daß der Verein sie gleich auch beim Wettbewerb »Land der Ideen« in Berlin einreichte – einem Wettbewerb, der unter der Schirmherrschaft keines Geringeren als des Bundespräsidenten persönlich stand. Die vereinsinterne Kommunikation allerdings war weniger gut.

Vereinsintern gab es Streit. Spenden, die nach Ansicht des Kassenwarts den armen Kindern in Kassel zugestanden hätten, waren vom Vorsitzenden an die katholische Kirche in München weitergereicht worden. Der Streit nahm zu und drang ausgerechnet in der Vorweihnachtszeit nach außen. Ein Saboteur machte sich an den Internetseiten des Vereins zu schaffen. Vorübergehend war auf ihnen plötzlich kein Spendenaufruf mehr zu lesen, sondern ganz im Gegenteil: eine Warnung. Wer etwas spenden wolle, der möge das bloß woanders tun.

Der Saboteur mußte jemand aus den eigenen Reihen gewesen sein. Der Kassenwart beschuldigte den Vorsitzen-

den, der Vorsitzende den Kassenwart. Ein Jahr lang überzogen die beiden sich gegenseitig mit Klagen, einstweiligen Verfügungen und Anzeigen. Doch erst, als er wegen Datenveränderung schließlich vor Gericht stand, gab der Kassenwart alles zu. Jawohl: Die Spendenwarnung war sein Werk gewesen. Aber Reue zeigte er keine: Irgend jemand habe die Menschen einfach warnen müssen.

Unterdessen nahte schon wieder Weihnachten, und die Spendenaktion war abermals angelaufen. Viel Zuspruch fand sie unter solchen Umständen freilich nicht mehr. Wunschzettel kamen zur Genüge, Spenden so gut wie keine. Und das milde Urteil, zu dem das Gericht gelangt war, rückte den Verein nun vollends ins Zwielicht. Das Verfahren gegen den Kassenwart wurde wegen geringer Schuld eingestellt. Sein Tun, so die Begründung, sei zwar falsch, seine Motivation indes nicht verwerflich gewesen.

Als nächstes ermittelte der Staatsanwalt gegen den Vorsitzenden, diesmal wegen Veruntreuung. Die wenigen Sponsoren, die der Verein überhaupt noch gefunden hatte, rückten von ihm ab. Die Wunschzettel der armen Kinder von Kassel waren auch in diesem Jahr wieder lang, doch die Vorwürfe und Gegenvorwürfe, mit denen der Vorsitzende und sein Ex-Kassenwart einander inzwischen auf Dutzenden von Internetseiten bekämpften, waren um ein Vielfaches länger.

Die Idee war gut, aber am Ende fand sich nur im fernen Berlin noch jemand, der an sie glaubte. Der Wettbewerb »Deutschland – Land der Ideen« sprach der Spendenaktion seine Anerkennung aus und erklärte sie zu einer der

365 besten Ideen des Jahres 2009. Die »findige Idee« des Vereins, so hieß es am 25. Dezember in der Würdigung, sorge »in Kassel an Weihnachten für leuchtende Kinderaugen«. Von wegen. Die Idee des Bundespräsidenten, sich als Schirmherr für den Wettbewerb zur Verfügung zu stellen, erwies sich als eher nicht so gut.

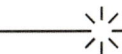

Weihnachtsbaum stürzt in Einkaufspassage

200 Kilogramm schwer war ein Plastikweihnachtsbaum, der in fünf Metern Höhe an der Decke eines Einkaufszentrums in Hamburg-Wandsbek hing; allenfalls ein Drittel davon wog eine 78jährige Rentnerin, die am 24. November 2009 um 11 Uhr 52 arglos unter ihm hindurchging. Daß der Baum sich genau in dieser Minute aus seiner Halterung lösen und herabstürzen könnte, kam der Rentnerin nicht einmal in den Sinn. Niemandem wäre dies in den Sinn gekommen. Die Decke des Einkaufszentrums hing voller 200 Kilogramm schwerer Plastikweihnachtsbäume, und es war, wie später der Manager des Zentrums erklären sollte, natürlich eine Spezialfirma gewesen, die die Bäume dort erst wenige Tage zuvor angebracht hatte.

Aber der Manager hatte auch leicht reden: Der Baum ist an jenem Tag schließlich nicht auf ihn herabgestürzt. Es ist die arglose Rentnerin gewesen, die der Baum mit voller Wucht traf und unter sich begrub. Es ist die Rentnerin gewesen, die danach bewußtlos unter der Plastiktanne hervorgezogen und ins Krankenhaus gebracht werden mußte. Die Bestürzung eines Managers ist nur ein schwacher Trost bei Schnittverletzungen, einer Sprunggelenksfraktur und einem Schädel-Hirn-Trauma.

Die Bäume an der Decke des Einkaufszentrums waren jeder für sich dreifach gegen Abstürze gesichert gewesen. Wieso die Absicherung in diesem einen Fall nicht funktioniert hatte, konnte der Manager nicht sagen. Wieso man überhaupt Weihnachtsbäume an die Decke hängt, allerdings auch nicht.

Als ob Weihnachtsbäume am Boden nicht schon gefährlich genug wären.

Preiskampf spaltet Weihnachtshauptstadt

Produktpiraterie macht auch vor Weihnachtsschmuck nicht halt. Ein Hersteller aus dem Erzgebirge, der in einer Fachzeitschrift eine Anzeige schaltete, um Geschäftskunden an seinen Stand auf der Frankfurter Frühjahrsmesse einzuladen, illustrierte diese Anzeige mit einer Figur aus seinem Angebot: einem holzgeschnitzten Räuchermännchen nach alter erzgebirgischer Art. Einige Wochen später jedoch, als der Hersteller eine Messe in Hongkong besuchte, entdeckte er dort bei chinesischen Anbietern ein Räuchermännchen, das dem seinen verdächtig ähnlich sah. Plagiatoren hatten seine Anzeige sofort als Vorlage benutzt. Der Hersteller hatte noch Glück: Die Plagiatoren hatten, weil sie kein Deutsch konnten, den Text der Anzeige für einen Weihnachtsgruß gehalten und auch diesen vermeintlichen Weihnachtsgruß im Übereifer noch eingebaut. Das nachgemachte Räuchermännchen hielt eine Tafel hoch mit einer Wegbeschreibung für das Frankfurter Messegelände. Was aber, wenn die Plagiatoren geschickter vorgehen und überdies einen Verbündeten in Deutschland haben?

Seit bald zwei Jahrzehnten liegen die mehr als zweihundert Weihnachtsschmuckhersteller im Erzgebirge im

Streit mit einem Preisbrecher aus Westdeutschland. Die Hersteller verstehen sich als Künstler, der Preisbrecher versteht sich als Kaufmann. Die Hersteller schnitzen und drechseln und bemalen ihre Räuchermännchen und Weihnachtsengel und Nußknacker in alteingesessenen kleinen Werkstätten, der Kaufmann führt seine Figuren aus China ein. Besonders viele alteingesessene Werkstätten gibt es in der Gemeinde Seiffen, der heimlichen Weihnachtshauptstadt des Erzgebirges. Bis zu zehntausend Touristen kommen an einem Adventswochenende in den kleinen Ort, und über einhundert Andenkenläden haben dann für sie geöffnet.

Bis zum Jahr 2006 ging der Streit hauptsächlich um Urheberrechtsfragen: Der Preisbrecher aus dem Westen hatte Figuren aus Seiffen und Umgebung in China kopieren lassen und auf deutschen Weihnachtsmärkten zu einem Viertel des Originalpreises verkauft. Sieben Jahre waren allein über einen Prozeß ins Land gezogen, den ein Hersteller aus dem benachbarten Olbernhau gegen den Rivalen geführt (und am Ende auch gewonnen) hatte. Vom Jahr 2006 an aber ging es um mehr. Der Preisbrecher besaß die Kühnheit, ausgerechnet in Seiffen einen Verkaufsraum anzumieten.

Die Seiffener konnten es ihm nicht verbieten, aber sie wehrten sich. Sie mobilisierten ihre Abgeordneten im Land- und im Bundestag. Sie sammelten Unterschriften. Sie starteten eine Kampagne »Original statt Plagiat – Deutsche Handwerkskunst«. Sie klebten den Slogan gut sicht-

bar in ihre Schaufenster und Ladentüren. Sie versuchten alles, um den Eindringling von seinem Vorhaben noch abzubringen, doch es gelang ihnen nicht. Im September 2006 öffnete der Billigladen mitten in Seiffen seine Pforten.

Der Streit ging in eine neue Runde, und anfänglich sah es so aus, als würde dieses Mal der Kaufmann aus dem Westen gewinnen. Solange er es mit dem Kopieren nicht übertrieb, konnten die Seiffener ihm nichts anhaben. Der Kaufmann strengte sogar seinerseits einen Prozeß gegen die Kampagne »Original statt Plagiat« an, weil er sich von ihr kriminalisiert sah. Er erklärte seine Räuchermännchen und Weihnachtsengel und Nußknacker gleichfalls zur Handwerkskunst – wenn schon nicht zu einer aus dem Erzgebirge, dann eben zu einer »aus aller Welt«. Und vor allem zog er das Kaufpublikum auf seine Seite. Ohnmächtig mußten die Seiffener mit ansehen, wie die Touristen seinen Billigladen an manchen Tagen geradezu belagerten.

Der Streit nahm an Schärfe zu. Dem Kaufmann wurde von Unbekannten das Auto beschädigt. Die Hotels im Ort gaben ihm kein Zimmer, die Banken kein Konto. Der Hausbesitzer, der dem Kaufmann den Laden vermietet hatte, wurde nicht mehr gegrüßt, die Verkäuferinnen, die im Laden arbeiteten, mußten sich beleidigen lassen. Der Streit entzweite die Seiffener auch untereinander. Der Verband der erzgebirgischen Kunsthandwerker, der die Kampagne »Original statt Plagiat« verantwortete, konnte die Klage des Kaufmanns zwar erfolgreich abwehren, machte aber auch eine unangenehme Entdeckung: Mindestens fünf Verbandsmitglieder ließen ihren Weihnachtsschmuck inzwischen selbst im Ausland produzieren.

Der Streit wurde unübersichtlich. Der Kaufmann warb Kunsthandwerker aus Seiffen an, um sie als Ausbilder nach China zu schicken: Die Chinesen sollten lernen, wie man in traditioneller Handarbeit original erzgebirgische Räuchermännchen schnitzt und drechselt und lackiert. Die original erzgebirgischen Werkstätten in Seiffen wiederum konnten nicht länger geheimhalten, daß sie längst über computergesteuerte Drehbänke und vollautomatisierte Lackieranlagen verfügten. Der Rummel um den Billigladen in der Weihnachtshauptstadt Seiffen legte sich, aber der Preiskampf auf den Weihnachtsmärkten anderswo ging weiter.

Der Kaufmann gab seinen Laden in Seiffen nach drei Jahren wieder auf, seine Abnehmer allerdings hat er nach wie vor. Auf Weihnachtsmärkten in ganz Deutschland bieten Händler seinen chinesischen Weihnachtsschmuck nach erzgebirgischer Art an. Die erzgebirgischen Kunsthandwerker sind nach wie vor bemüht, ihren Erzfeind von den Märkten fernzuhalten, doch gesetzliche Mittel haben sie nicht.

Sie haben höchstens ungesetzliche. Noch immer stehen die Worte jenes Mannes im Raum, dem man in Seiffen bis heute die Schuld dafür gibt, daß der Billigladen überhaupt eröffnen konnte – jenes Hausbesitzers nämlich, der dem Kaufmann den dazu nötigen Verkaufsraum vermietet hat. Man muß an diese Worte unwillkürlich denken, wenn man auf Meldungen stößt wie etwa solche über den vom Großbrand auf dem Mannheimer Weihnachtsmarkt in der Nacht zum 1. Dezember 2008.

Gewiß: Die Mannheimer Polizei glaubte hinterher,

Brandstiftung als Ursache ausschließen zu können. Doch der Hausbesitzer hatte angesichts der Schikanen gegen sich und seinen Mieter ausdrücklich von »mafiaähnlichen Methoden« gesprochen. Und ausgebrochen war das Feuer von Mannheim merkwürdigerweise eben ausgerechnet an einem Stand mit – Holzfiguren aus dem Erzgebirge.

Weihnachtsbaumsuche endet mit Großalarm

Weihnachtsbäume sind Gefahrenherde. Bäume gehören in den Wald, nicht in die Wohnung. Auf etwa 15 000 schätzt der Gesamtverband der Deutschen Versicherungswirtschaft (GDV) die Zahl der Unfälle, die sich in deutschen Wohnungen Jahr für Jahr zur Weihnachtszeit ereignen, und bei den allermeisten dieser Unfälle handelt es sich um Christbaum- oder Adventskranzbrände.

Bäume gehören nicht in die Wohnung, und sie gehören auch nicht aufs Autodach. Ein Weihnachtsbaum, der sich bei einer Vollbremsung aus der Dachhalterung löst, kann zum tödlichen Geschoß werden. Der ADAC gibt zwar keine Schätzung darüber ab, wie oft sich ein solcher Unfall tatsächlich ereignet, aber er hat Unfallforscher untersuchen lassen, welche Kräfte sich entfalten, wenn ein Autofahrer mit einem Weihnachtsbaum auf dem Dach plötzlich bremsen muß. Ein 32 Kilogramm schwerer Weihnachtsbaum, so das Ergebnis, kann dann mit einer Gewichtskraft von bis zu 750 Kilogramm an der Halterung zerren. Wer sicher gehen will, der sollte zum Befestigen unbedingt Spanngurte nehmen und überdies zusehen, daß er sie auch wirklich gut festzurrt. Und wer ganz sicher gehen will, der transportiert den Baum erst gar nicht auf dem Dach, sondern nimmt von vornherein einen Anhänger.

Ein Familienvater in Erlangen wollte ganz sicher gehen. Er hatte, als er in einen nahegelegenen Wald fuhr, um einen Weihnachtsbaum zu besorgen, seine zwölfjährige Tochter und seinen sieben Jahre alten Sohn bei sich. Er zog es vor, den Baum im Anhänger zu transportieren. Er wählte mit seinen Kindern zusammen einen Baum aus, fällte ihn und brachte ihn zurück zum Wagen. Er machte sich daran, den Baum auf den Anhänger zu laden, und seine Kinder sahen ihm dabei zu. Es war kalt. Sehr kalt. Der Vater befand sich zumindest in dem Glauben, daß seine Kinder ihm zusahen. Doch als er den Baum endlich sicher verstaut hatte und wieder aufsah, waren die Kinder weg.

Der Vater hielt Ausschau nach ihnen, rief ihre Namen und konnte es sich nicht erklären. Die Kinder waren verschwunden. Der Vater begann, die Umgebung des Wagens abzusuchen, aber er entdeckte nicht einmal eine Spur. Es war zu kalt, als daß die Kinder irgendwelche Spuren hätten hinterlassen können. Der Boden war viel zu fest gefroren.

Der Vater geriet mehr und mehr außer sich. Er suchte und suchte und brauchte doch bald eine Stunde, um nur einmal zu begreifen, daß er die Kinder so nicht mehr finden würde. Er griff zum Handy und verständigte die Polizei. Es verstrich eine weitere halbe Stunde, in der die Polizei bereits einen Suchtrupp in Bewegung setzte und einen Hubschrauber starten ließ. Dann endlich kam aus einer drei Kilometer entfernten Ortschaft die Entwarnung. Eine Frau hatte die Kinder auf der Straße aufgelesen. Sie waren durchgefroren und verstört, aber wohlauf.

Die Kinder hatten den Wald nur ein wenig erkunden wollen. Womöglich war ein Hintergedanke auch gewesen, dem Vater einen kleinen Streich zu spielen. Jedenfalls war es anders gekommen als geplant: Sie hatten sich verlaufen. Aus Spaß war Ernst geworden, und aus der Weihnachtsbaumbeschaffung beinahe eine Weihnachtstragödie.

Bäume gehören nicht in die Wohnung. Sie gehören auch nicht aufs Autodach und genausowenig auf den Autoanhänger. Es hilft nichts, den Weihnachtsbaum noch so sicher zu verstauen, wenn darüber die Kinder verlorengehen. Man kann nur hoffen, daß wenigstens der Vater aus Erlangen diese Lehre in Zukunft beherzigen wird.

Bäume gehören nicht in die Wohnung, und Menschen gehören nicht in den Wald.

Schulklasse bleibt in Weihnachtskarussell stecken

Früher, da war die Schule Schule, und Weihnachten war Weihnachten. Was es in der Schule vielleicht noch gab, das war ein bißchen Basteln mit Strohsternen im Kunstunterricht. Was es aber bestimmt nicht gab, das waren Klassenausflüge zum Weihnachtsmarkt in der Stadt.

Die Zeiten haben sich geändert. Die Weihnachtsmärkte haben sich geändert. Es versteht sich von selbst, daß auf einem Weihnachtsmarkt in der Großstadt heutzutage auch Riesenräder und Karussells und andere Fahrgeschäfte zu finden sind, und es versteht sich ebenso von selbst, daß man in ihnen heutzutage auch ganze Schulklassen sitzen sieht.

Eines der Fahrgeschäfte, das man 2009 auf dem Weihnachtsmarkt am Berliner Alexanderplatz finden konnte, war ein sogenannter *Top Spin*: eine Gondel, in der man von zwei mächtigen Kranarmen angehoben und in zwanzig Meter Höhe wild herumgeschaukelt wird. Und bezeichnenderweise waren es vierzehn Schüler, die gerade in dieser Gondel saßen, als es eines Nachmittags plötzlich Schwierigkeiten gab.

Die Jungen und Mädchen gehörten zu einer zehnten Klasse aus der brandenburgischen Ortschaft Beeskow.

Normalerweise hätte ihre Fahrt mit dem *Top Spin* zwei bis drei Minuten gedauert, aber diese Fahrt sollte anders sein als die anderen. In zehn Metern Höhe blieb die Gondel mit einemmal stehen. Der Betreiber erklärte es im nachhinein mit einem Getriebeschaden. Eine Sicherheitssperre aktivierte sich automatisch und ließ sich auch nicht mehr abschalten.

Der Betreiber konnte nur noch die Feuerwehr rufen. Es war schon dunkel, und es war kalt, aber die Schüler mußten sich gedulden. Es war ganz und gar nicht die Art von Nervenkitzel, die sie sich erwartet hatten. Den Jungen verging das Sprücheklopfen, die Mädchen begannen zu weinen.  Am Ende sind sie zwar alle gerettet worden, doch das lange Warten hätte sie fast zur Verzweiflung getrieben. Gut dreißig Minuten hat die Feuerwehr gebraucht, um sie mit Drehleitern alle aus der Gondel zu holen. Das Gehirn von Fünfzehnjährigen ist für dreißig Minuten Selbstbeschäftigung noch nicht ausgeformt. Der Zustand, in dem die Retter die Schüler vorfanden, wurde als teilweise panisch beschrieben.

Die Feuerwehr hüllte sie alle in Wärmedecken. Der Betreiber des *Top Spin* spendierte ihnen allen Glühwein. Ein Ausflug, an den die Schüler sich zwei Monate später ansonsten kaum mehr erinnert hätten, war durch den Getriebeschaden im *Top Spin* zu einem unvergeßlichen Erlebnis geworden. Sie hätten dem Betreiber eigentlich sogar dankbar sein können. Klassenfahrten zum Weihnachtsmarkt macht heutzutage jeder, eine Bergung aus einer Gondel in zehn Metern Höhe ist wenigstens etwas Besonderes.

Die Schüler aber haben sich vom Betreiber lediglich noch ihr Geld zurückgeben lassen. Bedankt haben sie sich nicht, auch nicht für den Glühwein. Eine Klassenfahrt zum Weihnachtsmarkt versteht sich für Fünfzehnjährige heute von selbst, und Alkohol schon am Nachmittag wohl sowieso.

Einzelhandel drückt sich um Weihnachtsbeleuchtung

Die Verhaftung kam nicht von ungefähr. Es ist etwas faul in Deutschlands Innenstädten. Die Verhaftung erfolgte in Ingolstadt, doch wenn sie aus irgendeiner anderen Stadt gemeldet worden wäre, hätte man sich ebensowenig gewundert. Über Jahre hinweg hatte der Gewerbeverein von Ingolstadt Handwerkerrechnungen nicht mehr bezahlt. Unter dem Vorwurf der Bilanzmanipulation und der Urkundenfälschung wurde der Geschäftsführer in Untersuchungshaft genommen.

Die Rechnungen betrafen die Weihnachtsbeleuchtung in der Innenstadt. Insgesamt 70 000 Euro schuldete der Gewerbeverein einem Handwerksbetrieb, der sich im Auftrag des Vereins seit Jahren um die Beleuchtung gekümmert hatte. Der Handwerksbetrieb hatte sehr viel Langmut bewiesen. In Ingolstadt hätte man sich nicht beschweren können, wenn es eines Tages gar keine Weihnachtsbeleuchtung mehr gegeben hätte.

Es ist etwas faul in Deutschlands Innenstädten, und das Wort, das die Stadtplaner dafür gefunden haben, lautet denn auch: Stadtkernfäule. Die Einkaufszentren am Stadtrand ziehen die Kunden ab, die Einzelhändler in der Innenstadt geben auf, die Fußgängerzonen veröden. Auf die

alteingesessenen Fachgeschäfte folgen Filialisten, auf die Filialisten folgen Ramschmärkte, auf die Ramschmärkte folgt der Leerstand. Ein Einzelhändler allein kann die Fäule nicht aufhalten, aber eine Gemeinschaft von Einzelhändlern kann es. Sie kann den Einkaufszentren am Stadtrand etwas entgegenhalten. Sie kann es gerade an Weihnachten. Festlich beleuchtete Innenstädte entfalten einen Zauber, den ein Großparkplatz in einem Industriegebiet niemals entfaltet. Eine starke Gemeinschaft kann das Geld, das eine solche Festbeleuchtung kostet, auch aufbringen. Doch der Gewerbeverein von Ingolstadt war keine starke Gemeinschaft. Er stand, wie sich nach der Verhaftung des Geschäftsführers herausstellte, seit Jahren vor der Insolvenz.

Die Verhaftung traf einen Idealisten. Der Geschäftsführer hatte sich mit seinen Betrügereien nicht selbst bereichert; er hatte nur versucht, das Unmögliche möglich zu machen. Er hatte versucht, mit dem Geld, das die Vereinsmitglieder spendeten, Kosten zu decken, die weit höher lagen. Er war an einem Problem verzweifelt, an dem Gewerbevereine in ganz Deutschland verzweifeln. Man kann niemanden zum Spenden zwingen.

Weihnachtsbeleuchtung gibt es deshalb, weil jemand dafür sorgt, daß es sie gibt. Noch hat man in Deutschland keine Einkaufsstraße gesehen, die zur Weihnachtszeit nicht mit Lichterketten geschmückt gewesen wäre. Aber darauf wetten, daß man auch in Zukunft keine sehen wird, möchte man nicht. Die Gewerbevereine haben die Verantwortung übernommen, weil die Kommunen sie abgege-

ben haben. Die Stadtkassen sind leer. Die Gewerbevereine vertreten die Interessen des Einzelhandels, doch der einzelne Einzelhändler hat unter Umständen andere Interessen als die Gemeinschaft der Einzelhändler insgesamt. Der Einzelhändler, der für die Weihnachtsbeleuchtung in seiner Straße nichts spendet, ist gegenüber dem, der spendet, im Vorteil. Er bekommt die Weihnachtsbeleuchtung kostenlos. Man kann ihn schlecht aus der Straße verweisen. Stadtkernfäule fängt in den Köpfen an.

Was die Weihnachtsbeleuchtung in Ingolstadt am Ende gerettet hat, war die Langmut eines einzelnen Handwerkers. Was sie anderswo rettet, ist die Freigebigkeit einzelner Wohltäter. In Lübeck, Soest und Freiburg sind zuletzt Einzelspender eingesprungen, mit zum Teil fünfstelligen Beträgen. Wenn die Zahlen des Soester Gewerbevereins repräsentativ sind, dann beteiligt sich in Deutschland nur mehr jeder dritte Einzelhändler an den alljährlichen Weihnachtsbeleuchtungskosten. Zwei von drei Einzelhändlern lassen es lieber drauf ankommen. Sie verlassen sich darauf, daß sich schon noch jemand finden wird, der für sie mitbezahlt. Der Gewerbeverein appelliert an ihren Gemeinschaftssinn, aber das einzige, was sie verbindet, ist ein Sinn fürs Trittbrettfahren. Und wie stark dieser Sinn ausgeprägt ist, hat sich zuletzt 2009 in Freiburg gezeigt: Die zahlungsunwilligen Einzelhändler haben ihren Gewerbeverein aufs kaltblütigste auflaufen lassen, bis ganz zum Schluß. Der rettende Großspender für die Freiburger Weihnachtsbeleuchtung fand sich erst vier Tage vor dem ersten Advent.

Das Urteil, das schließlich gegen den ehemaligen Geschäftsführer des Ingolstädter Gewerbevereins erging, war

hart. Eine Freiheitsstrafe von einem Jahr und zehn Monaten wurde für vier Jahre zur Bewährung ausgesetzt. Der Verurteilte war nicht irgendein Gewerbevereinsgeschäftsführer, er war der am längsten gediente in ganz Deutschland. Er hatte aus Verzweiflung gehandelt. Wer im Kampf gegen die Stadtkernfäule keine besseren Verbündeten hat als die deutschen Einzelhändler, der muß früher oder später verzweifeln.

Das Gericht hätte besser Milde walten lassen, nicht zuletzt auch im eigenen Interesse. Das Amtsgericht Ingolstadt liegt immerhin selbst in der Innenstadt. Stadtkernfäule macht auch vor Gerichtsgebäuden nicht halt. Wenn eines Tages die Weihnachtsbeleuchtung rund um das Amtsgericht nur mehr aus brennenden Mülltonnen besteht, werden die Richter begreifen, daß sie im Januar 2009 den Falschen bestraft haben. Aber dann ist es zu spät.

Polizisten randalieren nach Weihnachtsfeier

Wenn 20 Polizisten ausrücken müssen, um sieben im Rotlichtviertel randalierende Kollegen festzunehmen, ist das
für einen Polizeipräsidenten ärgerlich genug. Wenn aber
die randalierenden Kollegen gar noch einer Eliteeinheit an-
gehören und den Polizeipräsidenten auf die Titelseite der
Bild-Zeitung bringen, dann ärgert er sich natürlich um so
mehr. Andererseits war der Frankfurter Polizeipräsident
ein kleines bißchen auch selbst schuld. Er hätte in seiner
Behörde Weihnachtsfeiern aller Art von vornherein unter-
sagen sollen.

Zuvor nämlich hatten die sieben Kollegen Weihnachten
gefeiert, gemeinsam mit ihrer Einheit: dem Spezialeinsatz-
kommando Frankfurt. Es war bereits nach drei Uhr früh,
als sie vor einem Bordell im Bahnhofsviertel auftauchten.
Sie waren betrunken. Sie waren so betrunken, daß einige
sich gleich im Eingang erst einmal übergeben mußten. Sie
grölten. Sie beschimpften Prostituierte. Sie wurden abgewiesen, doch nicht alle waren in der Stimmung, sich abwei-
sen zu lassen.

Ohne die vorhergehende Weihnachtsfeier wäre das Desa-
ster gar nicht passiert. Drei der sieben Elitepolizisten legten
sich mit den Türstehern an. »Sie schubsten uns sofort«, hat

hinterher jedenfalls der Bordellchef berichtet, »und schrien: ›Ihr schwulen Hunde! Ihr sagt uns nicht, ob wir hier reinkommen!‹« Es ist nicht schön für einen Polizeichef, ausgerechnet von seinen vermeintlich besten Leute derartiges in der Zeitung lesen zu müssen. »Sie zückten ihre Polizeiausweise, sagten: ›Wir sind vom SEK. Wir treten Türen ein, wann wir wollen.‹ Dann eskalierte die Situation.«

Am Ende siegten die Türsteher. Zu viert und unter dem Einsatz von Baseballschlägern gelang es ihnen, die drei Angreifer zurück auf die Straße zu treiben. Die Polizei traf ein, kein SEK zwar, aber dafür zwanzig Mann, und nahm alle mit aufs Revier: die drei Hauptrandalierer, deren vier Kollegen und die vier Türsteher ebenfalls.

1,3, 1,6 und 2,0 Promille sind schließlich bei den drei Problempolizisten gemessen worden, und wenn man sie auch nicht auf der Stelle entlassen hat, so hat man sie doch immerhin auf der Stelle strafversetzt. Es dürfte den Ärger des Polizeipräsidenten nicht eben verringert haben, daß die *Bild*-Zeitung die Geschichte drei Wochen lang zurückhielt, um dann genau an dem Tag mit ihr herauszurücken, an dem der Präsident seine Kriminalstatistik für das vergangene Jahr vorstellen wollte.

Denn an sich war es eine Statistik, die sich sehen lassen konnte. Die Zahl der Straftaten war im Vergleich zum Vorjahr zurückgegangen. Die Aufklärungsquote war auf fast 60 Prozent gestiegen. Der Polizeipräsident hätte eigentlich zufrieden sein können. Wenn nur die Geschichte aus dem Rotlichtviertel ihn nicht wieder daran erinnert hätte, wie gut die Verbrechensstatistiken erst ohne Weihnachten sein könnten. Oder besser: ohne Weihnachtsfeiern.

Rocker büßen für Weihnachtsgefühle

Selbst Rockern wird es, wenn Weihnachten naht, warm ums Herz. Selbst in Kreisen der Hells Angels oder der Bandidos entwickelt man weihnachtliche Gefühle. Man stellt sich im Clubheim Plätzchenteller auf den Tisch. Man besucht gemeinsam einen Weihnachtsmarkt. Man entwickelt nicht nur Gefühle, man läßt sie auch zu.

Man läßt sie beinahe zu sehr zu. Rocker schreiben Weihnachtskarten, sie machen Weihnachtsgeschenke, sie kaufen sich Weihnachtsbäume und schmücken sie mit Totenschädeln.

Gefühle aber machen blind. Rocker in Weihnachtslaune sind oft nicht mehr genügend auf der Hut. Denn Rocker haben Feinde: Polizisten zum einen, Rocker aus anderen Clubs zum anderen. Rocker in Weihnachtslaune verlassen ihre gewohnten Pfade und geben sich Blößen. In Kopenhagen konnte die Polizei einmal drei schwerbewaffnete Bandidos nur deshalb festnehmen, weil diese in einer Gegend unterwegs waren, in der man Bandidos sonst nie sieht: am Hafen nämlich. Sie wollten dort ein Foto von der kleinen Meerjungfrau machen, für ihre Weihnachtspostkarte.

In Brandenburg sind ein paar Rocker einmal sogar so

leichtsinnig gewesen, auf feindlichem Gebiet ein sogenanntes Knutfest zu feiern: das Abschmücken und Verbrennen
der Weihnachtsbäume also am 13. Januar, wie es vor allem
in Schweden Brauch ist. Die Rocker gehörten den Veterans
an, einem Club, der seinen Hauptsitz in Schweden hat. Sie
feierten aber in Seddin, einer Ortschaft in der Nähe von
Potsdam; in einer Region also, die ein anderer Rockerclub
als sein Hoheitsgebiet betrachtet: der Gremium MC nämlich. Und ausgerechnet in Potsdam hat der Gremium MC
auch noch eine Niederlassung.

Das Knutfest der Veterans in Seddin hat kein gutes
Ende genommen. Um kurz nach Mitternacht ist es über-
fallen worden. Obwohl die Veterans in der Überzahl waren,
hatten sie dennoch keine Chance. Sie waren zu besinnlich
gestimmt – im Gegensatz zu den Gremiums. Die Veterans
nahmen nach schwedischer Art Abschied von Weihnachten, für den deutschen Club der Gremiums war die Weihnachtszeit seit dem Dreikönigstag vorbei.

Etwa zwei Dutzend Männer vom Gremium MC aus
Potsdam haben nur ein paar Minuten gebraucht, um die
etwa dreißig anwesenden Veterans zu verprügeln und ihnen einen Großteil ihrer sogenannten Kutten zu rauben.
Die Kutte ist die Lederweste, auf die das Clubabzeichen

genäht ist. Sie zu verlieren bedeutet für einen Rocker die größte Schmach.

Die Veterans hatten sich eine Blöße gegeben, die Gremiums haben sie ausgenutzt. Ein Rocker lebt immer gefährlich. Doch gefährlicher als in der Weihnachtszeit lebt er nie.

Die Auferstehung der Weihnachtsziege

Weihnachtskatastrophen

aus

Europa

Bürger bangen um Julbock

Jahr für Jahr errichten Bürger der schwedischen Stadt Gävle zu Weihnachten eine riesige Ziege aus Stroh, und Jahr für Jahr müssen sie erleben, wie diese Ziege irgendwann in Flammen aufgeht. Die Ziege aus Stroh lockt Brandstifter an, und die Stadt wird mit den Brandstiftern nicht fertig.

Die Ziege ist ein sogenannter Julbock. Ein Julbock wird nicht deshalb aus Stroh gemacht, damit man ihn besser verbrennen kann. Ein Julbock soll genausowenig brennen wie etwa ein Adventskranz oder ein Weihnachtsbaum. Die Bürger von Gävle tun alles, um ihren Julbock vor Feuer zu schützen, doch immer wieder haben sie am Ende das Nachsehen. Je mehr sie sich zu seinem Schutz einfallen lassen, desto mehr fühlen die Brandstifter sich herausgefordert.

Ein Julbock ist ein altes nordisches Weihnachtssymbol, das im Norden bereits gebräuchlich war, als es Weihnachten selbst noch gar nicht gab. Heutzutage dient es vor allem als Dekoration: Man hängt sich kleine Julböcke an den Christbaum oder stellt sich etwas größere in den Vorgarten. Früher aber hat man sich für eine ganze Reihe von Bräuchen auch selbst noch als Julbock verkleidet. Es war bis ins 20. Jahrhundert hinein nicht der Weihnachtsmann, sondern der Julbock, der den Kindern die Geschenke brachte.

Es war natürlich üblich, daß die Kinder sich beim Julbock dafür bedankten. Es war ganz und gar nicht üblich, daß sie ihn zum Dank dafür anzündeten.

Der Julbock von Gävle sollte die alten Bräuche wieder in Erinnerung rufen. Er sollte die Blicke auf Gävle lenken und speziell in dem Stadtteil, in dem er 1966 zum ersten Mal errichtet wurde, für mehr Leben sorgen. Der Julbock war sieben Meter lang und dreizehn Meter hoch und damit der bei weitem größte Julbock der Welt. Er erregte Aufsehen nicht nur in Gävle, sondern in ganz Schweden. Aber er wurde auch gleich in seinem ersten Jahr, am Silvesterabend 1966, von einem Tunichtgut in Brand gesteckt.

Der Julbock sollte die alten Bräuche in Erinnerung rufen, doch er hat vor allem einen neuen gestiftet. In den ersten Jahren folgten die Anschläge auf ihn noch keinem bestimmten Muster. Mal wurde er angezündet, mal in Stücke

geschlagen oder zum Einsturz gebracht, mal überstand er die Weihnachtszeit aber auch ganz unbeschadet. Die Bürgerinitiative, die ihn ursprünglich errichtet hatte, gab aus Verdruß über die Zerstörungen irgendwann auf, doch eine andere machte an ihrer Stelle weiter. Erst nach und nach wurde das Verbrennen zur bevorzugten Zerstörungsmethode, und erst nach und nach entwickelten die Menschen von Gävle den Ehrgeiz, ihr neues Wahrzeichen vor der Zerstörung zu bewahren.

Die Stadt ließ Schutzzäune errichten und beauftragte Brandschutzspezialisten damit, das Stroh feuerfest zu machen. Der Julbock des Jahres 1985 wurde der erste, der so-

gar im *Guinness Buch der Rekorde* Erwähnung fand. Selbst Soldaten einer bei Gävle stationierten Einheit standen jetzt freiwillig vor ihm Wache. Es schien so, als könnte ihm unmöglich noch etwas zustoßen. Es schien so, und es kam trotzdem anders. Im Januar 1986 ging auch dieser Julbock wieder in Flammen auf.

Ein neuer Brauch hatte Gestalt angenommen, und diese Gestalt hat er bis heute behalten. Die einen bauen riesige, prachtvolle Ziegen aus Stroh, die anderen versuchen, diese Ziegen in Brand zu stecken. Niemand fragt mehr, warum eigentlich. Die einen: das sind die braven Bürger von Gävle. Die anderen: das sind die Weihnachtsvandalen aus ganz Schweden und aus dem Ausland oft noch dazu. Und Buchmacher in England laden dazu ein, bei ihnen Wetten abzuschließen darauf, ob ein Julbock die Weihnachtszeit überstehen wird oder nicht.

Für gewöhnlich entkommen die Vandalen unerkannt. Die Weihnachtszeit ist lang, die Tage sind kurz, und eines Nachts ergibt sich immer eine Möglichkeit. Der Brandstifter des Jahres 2001, ein US-Amerikaner, war einer der ganz wenigen, die überhaupt je gefaßt wurden. Irgendeine Art von Unrechtsbewußtsein zeigte er bezeichnenderweise nicht: Er habe, erklärte er in der Gerichtsverhandlung, ja gar nicht gewußt, daß das Anzünden des Julbocks strafbar sei. Er habe es für eine schwedische Tradition gehalten. Er dachte so, wie in Vandalenkreisen vermutlich alle denken: Wenn ich es nicht tue, tut es ein anderer.

Und also gehen die Anschläge auf den Julbock von Gävle weiter. Nicht jeder verläuft so spektakulär wie der des Jahres 2005, als anschließend sogar das schwedische Fernse-

hen nach den beiden Tätern fahndete. Nicht jeder hat Erfolg. Die Julböcke der Jahre 2006 und 2007 etwa haben die Weihnachtszeit sogar fast unbeschadet überstanden. Aber die Bilanz spricht trotzdem für die Vandalen. Zwei von drei Julböcken gehen statistisch gesehen in Flammen auf, und nur jeder zehnte Brandstifter wird gefaßt.

Die Täter von 2005 wurden nicht gefaßt. Die Fahndung blieb ergebnislos. Sie sind zwar beobachtet worden, doch die Täterbeschreibung war nicht wirklich zu gebrauchen. Die Brandstifter trugen Kostüme. Sie waren zu zweit, und sie arbeiteten mit Pfeil und Bogen. Der Julbockbrand des Jahres 2005 ist durch den Beschuß mit brennenden Pfeilen ausgelöst worden, von zwei Tätern, die hinterher wohl auch deshalb entkommen konnten, weil sie auf eine Art verkleidet waren, die in der Adventszeit kaum Verdacht erregt: der eine als Weihnachts-, der andere als Lebkuchenmann.

Weihnachtsfeier endet mit Fenstersturz

Eine Betriebsweihnachtsfeier ist kein Vergnügen, jedenfalls nicht juristisch gesehen. Eine Betriebsweihnachtsfeier ist rechtlich betrachtet eine Form von Arbeit; wer an ihr teilnimmt, steht unter dem Schutz der gesetzlichen Unfallversicherung. Ein Betriebsangehöriger, der beispielsweise auf dem Weg zur Toilette stürzt, erleidet sowohl nach deutschem als auch nach österreichischem Recht einen Arbeitsunfall.

Der Versicherungsschutz hat freilich Grenzen. Der Betriebsangehörige muß bei seinem Sturz bestimmte Voraussetzungen erfüllen. Ein siebzehnjähriger Lehrling, der nach einer Weihnachtsfeier im Dezember 2009 die Toilette eines Gasthauses in Oberösterreich aufsuchen wollte, erfüllte diese Voraussetzungen nicht. Er machte sich zwar auf den Weg zur Toilette, aber er kam von diesem Weg dummerweise ab.

Der Lehrling war betrunken. Es war bereits vier Uhr früh. Er war bereits so betrunken, daß er sich in den Gasträumen verlief. Ein besorgter Kollege, der ihm irgendwann folgte, entdeckte ihn schließlich in einem leeren Saal im zweiten Stock. Der Lehrling öffnete gerade ein Fenster, das er anscheinend für eine Tür hielt. Der Kollege war zu weit weg, um es noch verhindern zu können. Der Lehrling war schon auf die Fensterbank gestiegen, und er tat einen Schritt nach vorn.

Der Lehrling hatte Glück im Unglück. Er stürzte zwar fünf Meter in die Tiefe, doch er überlebte den Sturz mit halbwegs glimpflichen Verletzungen. Er hatte aber auch Unglück im Glück: Die Voraussetzungen für einen Arbeitsunfall waren gleich dreifach nicht gegeben. Der Lehrling hätte erstens woanders stürzen müssen – auf einer Treppe etwa, die auch wirklich zur Toilette führt, und nicht gerade aus dem Fenster. Er hätte es zweitens früher tun müssen – solange nämlich die Weihnachtsfeier noch offiziell andauerte, und nicht erst um vier Uhr früh, als sie längst in einen rein privaten Umtrunk übergegangen war. Und er hätte drittens natürlich auch einen besseren Grund für seinen Sturz haben müssen: eine defekte Treppenbeleuchtung zum Beispiel oder eine lose Teppichstange, aber nicht ausgerechnet eine Alkoholvergiftung. Der Lehrling hatte sich seine Verletzungen am falschen Ort, zur falschen Zeit und im falschen Zustand zugezogen.

Wir wissen nicht, was für ein Betrieb es war, der die Weihnachtsfeier veranstaltet hatte, und wir wissen insofern auch nicht, was für eine Ausbildung es war, die der Lehrling dort machte. Aber wir können wohl recht sicher annehmen: eine Ausbildung zum Versicherungskaufmann war es jedenfalls nicht.

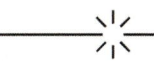

Hund verletzt sich an Christbaumkugel

Die Weihnachtszeit bringt für alle Bevölkerungsgruppen Gefahren, und sie bringt sie insbesondere auch für Katzen und Hunde. Die im Jahr 2003 geborene Roxy aus dem walisischen Swansea ist ein Hund – ein Kampfhund sogar. Von einem Biß jedoch in eine Christbaumkugel an Heiligabend 2007 hat sie sich bis heute nicht ganz erholt.

Tierärzte und Tierschutzorganisationen warnen Jahr für Jahr davor: Christbaumschmuck ist kein Spielzeug für Haustiere. Sie können sich beim Spielen verschlucken, vergiften, strangulieren oder Stromschläge zuziehen. Und vor allem Hunde tun es auch. Tausende von ihnen werden zur Weihnachtszeit allein in Großbritannien bei Tiernotärzten eingeliefert. In Roxys Fall traf die Besitzer nicht einmal eine Schuld: Die Christbaumkugel, in die Roxy biß, hatte im Garten gelegen. Irgendwer hatte sie einfach über den Zaun geworfen.

Die Christbaumkugel war aus Glas. Die Notoperation, die erforderlich war, um die zahllosen Glassplitter aus Roxys Zunge und Gaumen zu entfernen, dauerte Stunden. In gewisser Weise hat Roxy noch Glück im Unglück gehabt. Die Operation war erfolgreich, und nach ein paar Wochen war die Hündin auch wieder voll hergestellt.

Sie war es freilich nur körperlich. Seelisch, sagen ihre Besitzer, ist Roxy bis auf den heutigen Tag verletzt. Sie hat – und das als Kampfhund – Hemmungen, zuzubeißen. Sie rührt kein Trockenfutter mehr an, weil das Krachen beim Zerkauen sie offenbar an den Moment erinnert, in dem die Christbaumkugel in ihrem Maul zersplitterte. Sie spielt auch nicht mehr gern mit Gummibällen: Alles, was nur ungefähr das Aussehen einer Christbaumkugel hat, weckt seither schon ihren Argwohn. Für die Besitzer steht fest: Roxy ist traumatisiert.

Es ist wohl so ziemlich das Schlimmste, was einem Kampfhund überhaupt zustoßen kann.

Rentner vergiften Glühwein

Wer sich in Finnland zur Weihnachtszeit einen Glühwein zubereiten möchte, der kann, so sollte man meinen, eigentlich nichts falsch machen. Der Glühwein ist bereits zubereitet. Man kauft ihn fertig in der Flasche. Alles, was man noch tun muß, ist: ihn in einen Topf gießen und erhitzen.

Man sollte es meinen. Eine Gruppe von Rentnern in der finnischen Gemeinde Laukaa freilich hat im Dezember 2009 eine Möglichkeit entdeckt, wie man sich selbst mit der Zubereitung von Fertigglühwein noch in Gefahr bringen kann. Alles, was sie tun mußte, war: ihn nicht in einem Topf zu erhitzen, sondern in einem Wasserkocher.

Die Heizspirale eines Wasserkochers enthält Kupfer, der Wein enthält Säure. Die Säure löst Kupfer aus der Heizspirale heraus. Die Weihnachtsfeier der Rentner endete damit, daß fünfzehn von ihnen mit einer Kupfervergiftung ins Krankenhaus gebracht werden mußten. Den Rentnern war zwar der bittere, unangenehme Geschmack des Glühweins aufgefallen, aber getrunken hatten sie ihn trotzdem.

Die fünfzehn Rentner mußten nur ein paar Stunden im Krankenhaus bleiben; die Übelkeit und der Durchfall, unter denen sie litten, waren bald wieder verflogen. Was freilich blieb, waren Fragen. Hätte eine entsprechende Warnung in der Wasserkochergebrauchsanweisung den Unfall verhüten können? Hätte eine entsprechende Warnung auf dem Flaschenetikett es gekonnt?

Eine Sprecherin der finnischen Behörde für Lebensmittelsicherheit bezweifelte es. Für ihre Begriffe waren die Gebrauchsanleitungen für Wasserkocher und Glühwein bereits klar genug. Man ist geneigt, ihr recht zu geben: Der Wasserkocher sollte laut Anleitung nur für Wasser verwendet, der Glühwein laut Etikett am besten in einem Topf erhitzt werden.

Man kann nicht vor allem warnen. Je mehr Hinweise man gibt, desto kleiner muß man sie drucken. Je kleiner das Gedruckte ist, desto größer ist die Gefahr, daß ein Rentner es erst recht nicht liest. Und selbst wenn er es liest: Es gibt keine Gewähr dafür, daß er daraus auch die richtigen Schlüsse zieht.

In diesem Jahr haben die Rentner von Laukaa ihren Glühwein in einem Wasserkocher erhitzt. Im nächsten Jahr versuchen sie es vielleicht in einem Toaster.

Kirchenjugend protestiert gegen Klopapier

Die Drogeriemarktkette Rossmann versteht etwas von Klopapier. Sie kennt die Gesetze des Klopapiermarkts. Sie muß sie kennen. Sie weiß, wie der Markt insbesondere auch im Dezember funktioniert, in den Wochen vor Weihnachten. Und doch ist sie mit einem speziellen Weihnachtsklopapier einmal in Schwierigkeiten geraten, und zwar in Polen.

Der Dezember: Das ist der Monat, in dem das Einkaufsverhalten sich insgesamt ändert. Es soll etwas Besonderes sein, sogar bei Dingen des täglichen Bedarfs. Kunden, die etwa beim Klopapier ansonsten eher sparen, kaufen sich in der Vorweihnachtszeit auch gern mal eine der teureren Sorten. Eine englische Supermarktkette hat ihre diesbezüglichen Zahlen einmal verraten: In einem normalen Monat kommt jede vierte verkaufte Klopapierrolle aus dem Premiumsegment, im Dezember jede dritte. Bei Rossmann dürfte man ähnliche Erfahrungen gemacht haben. Also nahm man ein Klopapier ins Sortiment, dessen Blätter mit einer Zeichnung bedruckt waren, die einen weihnachtlichen Stern darstellte sowie ein lustiges Rentier, das »Merry Christmas« sagte.

Es war ein katholischer Priester in der polnischen Stadt Lublin, der Rossmann wegen dieses Klopapiers in Schwierigkeiten brachte. Der Priester war der Betreuer der örtlichen katholischen Jugend, und er verstand sich darauf, diese Jugend zu mobilisieren. Er rief seine Schützlinge dazu auf, bei Rossmann zu protestieren.

Lublin ist eine selbst für polnische Verhältnisse sehr katholische Stadt. Kein Geringerer als der spätere Papst Johannes Paul II. hat als junger Mann an der katholischen Universität von Lublin katholische Ethik unterrichtet. Was genau an einem Stern und einem Rentier und den Worten »Merry Christmas« auf einem Blatt Klopapier so anstößig  sein sollte, war bereits für jemanden in Łódź oder Krakau nicht unbedingt mehr nachzuvollziehen. Die katholischen Jugendlichen von Lublin aber vertrauten ihrem Priester. Sie faßten das Klopapier als Kränkung auf, sie schrieben Briefe und E-Mails und Aufrufe, und sie verlangten, daß Rossmann es aus den Regalen nahm.

Und nach drei Wochen hat Rossmann das tatsächlich auch getan. Die Zentrale in Łódź gab eine Erklärung heraus, in der sie alle diejenigen um Verzeihung bat, deren Gefühle eventuell verletzt worden waren. Sie führte zu ihrer Entschuldigung an, daß nicht sie, sondern die Konzernleitung in Deutschland es sei, die Produktpaletten für Polen zusammenstelle. Sie gab sich zerknirscht. Ob sie es aber tatsächlich war, bleibt zu bezweifeln. Wäre sie tatsächlich zerknirscht gewesen, hätte sie das verletzende Klopapier in ganz Polen aus den Regalen genommen und nicht nur in den Filialen in Lublin.

Es ist kein wirklicher Sturm der Entrüstung gewesen,

den die Jugendlichen entfacht haben, nur eine der üblichen virtuellen Protestwellen, die heutzutage jeder größere Konzern hin und wieder über sich ergehen lasssen muß. Die Kette hätte die Proteste auch einfach ignorieren können. Doch auf der anderen Seite sollte man selbst als großer Konzern das Schicksal nicht unnötig herausfordern. Es hätte auch schlimmer kommen können. Es hätte bei Rossmann in Lublin beispielsweise auch so etwas passieren können wie zwei Jahre später bei Ikea in Glasgow. Im Oktober 2009 nämlich fiel einem Kunden dort in einer Holztür eine ungewöhnliche Maserung auf. Die Maserung sah aus wie das Antlitz Jesu Christi. Aber die Tür, in der sie sich befand, war ausgerechnet die einer Toilette.

Bei Rossmann in Lublin wäre der Teufel los gewesen.

Saint-Blaise

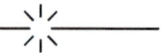

Einbrecher bestehlen Weihnachtsmann

Einbrecher freuen sich auf Weihnachten. In der Weihnachtszeit sind die Menschen öfter außer Haus. Sie sind beim Einkaufen, sie sind beim Feiern, sie sind verreist. Überall auf der Welt warnt die Polizei die Bürger, zur Weihnachtszeit vor Einbrechern besonders auf der Hut zu sein. Aber wer warnt die Polizei? Und wer warnt den Weihnachtsmann?

Auf den Philippinen wurde am ersten Weihnachtstag 2009 sogar im Hauptsitz der Nationalpolizei eingebrochen. Diebe drangen ins Pressezentrum ein und stahlen Teile der technischen Ausrüstung. Für die philippinische Polizei war dies natürlich peinlich, aber um so mehr Respekt gebührt den Eindringlingen: Wer bei der Polizei einbricht, der hat zumindest einen gewissen Stil. Die Diebe dagegen, die fünf Tage zuvor in ein altes Anwesen in den französischen Alpen eingestiegen waren, hatten keinen.

Bei dem Anwesen handelte es sich um das Haus des Weihnachtsmanns und seiner Frau in der Gemeinde Saint-Blaise. Das Haus wird von einem gemeinnützigen Verein betrieben, als Ausflugsziel für Kinder, zusammen mit einem Rentiergehege und einem Weihnachtspostamt und anderen Weihnachtssehenswürdigkeiten. Die meisten Besucher kommen natürlich im Dezember, und die allermeisten am letzten Wochenende vor Weihnachten. Rund 21 000 Euro lagen am Sonntagabend vor Weihnachten im Tresor des Weihnachtsmannhauses. Und am Montagmorgen war der Tresor verschwunden.

Die Einbrecher sind mit dem Geländewagen gekommen. Nachts hält sich niemand im Weihnachtsmannhaus auf, und in dieser Nacht stürmte und schneite es überdies heftig. Keiner hat die Einbrecher gesehen oder gehört. Sie konnten sich Zeit lassen. Sie konnten zuerst versuchen, den Tresor zu knacken, und sie konnten, als ihnen das nicht gelang, ihn auch in aller Ruhe noch hinaus auf die Pritsche ihres Wagens hieven und mit dem Tresor davonfahren. In Saint-Blaise, einer kleinen Gemeinde von nicht einmal dreihundert Einwohnern, ist man vor Einbrechern schon gleich gar nicht auf der Hut.

Für einen der vielen Millionäre am zwanzig Minuten entfernten Genfer See wäre der Verlust von 21 000 Euro kaum der Rede wert gewesen. Für den Verein dagegen, der das Weihnachtsmannhaus in Saint-Blaise betreibt, war es ein schwerer Schlag. Mit den Einnahmen vom letzten Adventswochenende deckt man die Betriebskosten des Hauses normalerweise für viele Monate.

Den Einbrechern von Saint-Blaise fehlte wahrlich der Stil. Stilvolle Einbrecher wären zumindest mit dem Rentierschlitten gekommen und nicht mit dem Geländewagen. Und sie wären auch nicht durch die Küchentür eingestiegen, sondern selbstverständlich durch den Kamin.

Staatspräsident verbietet Weihnachtsbaum

Die einen feiern im Dezember, die anderen feiern im Januar. Für die einen ist am 24. Dezember Heiligabend, für die anderen am 6. Januar. Es kommt ganz auf die Kirche an. Die einen sind katholisch oder protestantisch oder neukalendarisch orthodox, die anderen sind zwar auch orthodox, aber altkalendarisch. Die katholischen und die protestantischen Kirchen sind sich einig, die orthodoxen nicht. Es gibt orthodoxe Kirchen wie die griechische oder die rumänische, die das Weihnachtsfest im Dezember begehen, und es gibt solche wie die russische oder die ukrainische, die es erst im Januar tun. Es gibt orthodoxe Länder wie Rumänien, die den 25. Dezember als gesetzlichen Feiertag haben, und es gibt andere wie die Ukraine, in denen der 7. Januar einer ist. Und zwischen Rumänien und der Ukraine gibt es sogar ein Land, das gleich beide Tage zu Feiertagen erklärt hat: den 25. Dezember und den 7. Januar. Allerdings ist gerade dieses Land eigentlich dasjenige, das am wenigsten Grund zum Feiern hat.

In Westeuropa ist Moldawien so gut wie unbekannt. Kaum einer hat von dem Land, das zweimal jährlich Weihnachten feiert, je auch nur gehört. Moldawien ist klein und arm und abgelegen. Es feiert nicht zum Vergnügen zwei-

mal Weihnachten, sondern gewissermaßen in Notwehr. Moldawien ist erst seit 1991 unabhängig; davor war es eine Sowjetrepublik. Und es muß zusehen, daß es nicht wieder eine wird.

Moldawien feiert deshalb zweimal, weil es gespalten ist. Es hat eine rumänisch-orthodoxe Kirche und eine russisch-orthodoxe, es hat einen rumänischsprachigen Bevölkerungsteil und einen russischsprachigen, und es hat zwei fast gleichstarke politische Lager: die Allianz für europäische Integration und die Partei der Kommunisten. Wer die Allianz wählt, feiert eher am rumänisch-orthodoxen Weihnachtstag Weihnachten, wer die Kommunisten wählt, eher am russisch-orthodoxen. Acht Jahre lang, von 2001 bis 2009, waren die Kommunisten sogar an der Regierung, und diese acht Jahre haben die Spaltung noch erheblich vertieft. In der Schlußphase gab es selbst um den Weihnachtsbaum der Hauptstadt Kischinau noch einen Machtkampf. Die Kommunisten nahmen Anstoß an dem Zeitpunkt, zu dem der Baum aufgestellt wurde. Der  prowestliche Bürgermeister wollte ihn, wie eigentlich seit Jahren üblich, Anfang Dezember aufstellen, dem kommunistischen Staatspräsidenten war das mit einemmal zu früh. Der Platz, auf dem der Weihnachtsbaum von Kischinau traditionell aufgestellt wird, befindet sich direkt vor dem Haus der Regierung. Sechs Jahre lang hatte der Präsident schweigend hingenommen, daß der Baum dort stets schon ab der ersten oder zweiten Dezemberwoche stand. Im siebten Jahr sprach er plötzlich ein Machtwort. Die Stadt, so erklärte er, solle mit dem Aufstellen ge-

fälligst bis zum 30. Dezember warten, so wie man das ja etwa auch in Rußland tue.

Am Ende hat der Staatspräsident sowohl den Machtkampf um den Weihnachtsbaum als auch die Wahlen vom Sommer 2009 verloren. Der Staatspräsident hat den Bürgermeister nach Kräften behindert, aber gebracht hat es nichts. Es ist bei den Wählern auch nicht gut angekommen. Der Präsident hat mit Mitteln gekämpft, die sich für einen Präsidenten nicht schicken. Er hätte sich aus der Weihnachtsbaumfrage besser herausgehalten, doch er konnte es offenbar nicht.

Im einen Jahr wurde der Weihnachtsbaum gleich in der ersten Nacht von Polizisten wieder abgebaut und weggeschafft, im anderen wurde er schon vor den Toren der Stadt wegen angeblich ungültiger Papiere beschlagnahmt. Im einen Jahr wurde der Platz vor dem Haus der Regierung mit Eisengittern abgeriegelt, im anderen Jahr drohten gar die staatlichen Energiekonzerne, den städtischen Einrichtungen die Heizung abzustellen. Eine Tageszeitung, die kritisch über das merkwürdige Bündnis zwischen den Kommunisten und der russisch-orthodoxen Kirche berichtet hatte, sah ihre Redaktionsräume von einem randalierenden Mob gestürmt, dem prompt auch einige russisch-orthodoxe Mönche angehörten. Doch der Bürgermeister gab nicht nach, und die Bevölkerung unterstützte ihn dabei. Im einen wie im anderen Jahr ließ sich trotz allem noch rechtzeitig ein Weihnachtsbaum organisieren, und im einen wie im anderen Jahr fand sich auch immer noch ein Platz, auf dem man ihn unbehelligt aufstellen konnte: der nur 300 Meter vom Haus der Regierung entfernte Rat-

hausplatz nämlich. Im einen wie im anderen Jahr wurde anschließend rund um den Baum zwei Tage lang gefeiert, mit einem großen Straßenfest am 24. und 25. Dezember. Und im Jahr darauf war der Präsident nicht mehr Präsident. Am Ende hat der Präsident deshalb verloren, weil die Stadt ihm ganz einfach nicht gehorchte.

Moldawien feiert deshalb zweimal Weihnachten, weil man es ihm verbieten wollte. Es hat nicht immer zwei nationale Weihnachtsfeiertage gehabt. Der 7. Januar zwar ist seit jeher einer gewesen, der 25. Dezember aber ist erst neu hinzugekommen. Erst die Allianz hat auch ihn offiziell zum Feiertag erklärt, gleich nach ihrem Wahlsieg 2009, und das allen Protesten von Seiten der russisch-orthodoxen Kirche zum Trotz. Moldawien feiert deshalb zweimal Weihnachten, weil das westliche Weihnachtsfest für die Allianz zu einem Symbol des Widerstands und der Hoffnung geworden ist.

Und man möchte Moldawien seine Hoffnung ja auch gar nicht nehmen. Moldawien braucht dringend eine. Moldawien ist von allen armen Ländern Osteuropas das allerärmste. Aber andererseits fragt man sich eben trotzdem, wie das auf Dauer gutgehen soll. Weihnachten feiern geht schließlich auch ins Geld. Und ausgerechnet das Land, das es sich am wenigsten leisten kann, leistet es sich gleich doppelt.

Jugendliche fliehen vor Weihnachtsmusik

Eine U-Bahn-Station in Rotterdam war im Dezember 2005 der Schauplatz eines ungewöhnlichen Experiments. Sie war es aufgrund ihrer besonderen Lage: Die Station Zuidplein befindet sich mitten im Problembezirk Charlois, und insbesondere die Problemjugend von Charlois hatte sie im Lauf der Jahre zu ihrem Hauptsammelplatz gemacht.

Und um die Problemjugend ging es. Das Experiment sollte eine Methode testen, mit der herumlungernde Jugendliche sich vielleicht vertreiben ließen. Die Bezirksversammlung von Charlois war gezwungen, über solche Methoden nachzudenken. Die Beschwerden hatten überhandgenommen. Die Bezirksversammlung beschloß, es mit Musik zu versuchen, und entschied sich für auf der Drehorgel gespielte Weihnachtslieder.

Das Experiment ist heute in Vergessenheit geraten, doch nicht etwa deshalb, weil es erfolglos gewesen wäre. Die gesamte Weihnachtszeit über wurde Zuidplein mit weihnachtlicher Drehorgelmusik beschallt, und die gesamte Weihnachtszeit über wurde die Station von Jugendlichen gemieden. Die Musik war – ganz so, wie die Bezirksversammlung sich das erhofft hatte – für ihre Zielgruppe tatsächlich nicht auszuhalten.

Das Experiment ist in Vergessenheit geraten, weil die Entwicklung eine andere Richtung genommen hat. Herumlungernde Jugendliche sind weltweit ein Problem, und nach Mitteln, um sie aus U-Bahn-Stationen und Einkaufszentren und anderen öffentlichen Räumen zu vertreiben, wurde damals überall gesucht. Während man in Rotterdam mit weihnachtlicher Drehorgelmusik experimentierte, versuchte man es in Liverpool mit Klassik und in Sydney mit Schnulzen von Barry Manilow. Doch so vielversprechend die Ergebnisse in Rotterdam und anderswo auch waren – eine zur selben Zeit in England entwickelte Wunderwaffe hat sie alle hinfällig gemacht: der sogenannte *Mosquito*.

Der *Mosquito* vertreibt Jugendliche mit einem Hochfrequenzton, den das erwachsene Gehör gar nicht mehr empfangen kann. Während unter weihnachtlicher Drehorgelmusik auch Erwachsene leiden, plagt der *Mosquito* mit seinem ultrahohen Pfeifen allein Jugendliche bis etwa 25 Jahre. Inzwischen ist er weit verbreitet, 120 Gemeinden in ganz Holland setzen ihn ein, und von der Drehorgelmethode redet niemand mehr.

Aber das kann sich eines Tages auch wieder ändern. Der *Mosquito* ist nicht unumstritten. Die Sozialistische Partei der Niederlande etwa kämpft, insbesondere auch auf Druck ihrer Jugendorganisation, dafür, daß er verboten wird. Juristen haben zu bedenken gegeben, daß er sogar verfassungswidrig sein könnte. Es ist nicht von der Hand zu weisen, daß der *Mosquito*, eben weil er nur für Jugendliche eine Belästigung darstellt, zum Beispiel gegen das Diskriminierungsverbot verstößt. Und ohnedies gibt es in Holland auch schon die ersten Jugendlichen, die sich damit brüsten, daß ihnen der schmerzhaften Pfeifton inzwischen nichts mehr ausmache. Sie haben gelernt, ihn zu ertragen und zu ignorieren. Der *Mosquito* könnte eines Tages also nutzlos werden. Die Jugendlichen könnten an ihre alten Sammelplätze zurückkehren, und die Beschwerden könnten sich aufs neue häufen. Das Experiment von Charlois muß nicht auf ewig vergessen bleiben.

Die Zwangsbeschallung von U-Bahn-Stationen mit Weihnachtsliedern von der Drehorgel könnte eines Tages durchaus wiederkommen. Sie könnte wiederkommen, ohne allein auf die Weihnachtszeit beschränkt zu sein. Der Zweck heiligt die Mittel. Wenn Jugendliche sich auch außerhalb der Weihnachtszeit von Weihnachtsliedern vertreiben lassen, spräche zumindest aus juristischer Sicht nichts dagegen, die Lieder das ganze Jahr hindurch einzusetzen. Eine Diskriminierung einer bestimmten Altersgruppe jedenfalls ließe sich daraus kaum konstruieren. Eine Weihnachtsliederdauerbeschallung wäre für alle ja gleichermaßen unerträglich. Und sie wäre es wohl auch auf lange Sicht. An unangenehme Pfeiftöne mag man sich irgendwann gewöhnen können. An Weihnachtsdauerbeschallung gewöhnen könnte man sich nie.

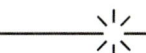
Weihnachtsshow mündet in Massenpanik

Am 12. November 2009, da hat man in Birmingham noch gelächelt über die Deutschen. Weihnachtsmärkte organisieren, das können sie – Weihnachtsmärkte eröffnen, das können sie nicht. Seit 2001 ist Birmingham Standort für einen der größten deutschen Weihnachtsmärkte überhaupt. Der sogenannte *Frankfurt Christmas Market* rund um den Victoria Square ist überaus beliebt. Im Verlauf von sechs Wochen geben rund drei Millionen Besucher rund 67 Millionen Pfund aus. Ganz besonders beliebt sind die Bier- und die Glühweinstände. Alkoholausschank im Freien gibt es in britischen Städten sonst nicht.

Am 12. November 2009 hat man noch gelächelt über die Deutschen und ihre Weihnachtsmarkt-Eröffnungsshow. Der Oberbürgermeister von Birmingham hielt eine Rede, der deutsche Botschafter aus London ebenfalls, und ein deutscher Schlagersänger sang »Ihr Kinderlein kommet«. Das Publikum jedoch kümmerte sich nicht weiter drum. Im Publikum waren kaum Kinder. Das Publikum bestand vor allem aus jungen Erwachsenen, und die waren wegen des Biers gekommen. Zwar hatte es ausgerechnet mit dem Bier kurz vor der Eröffnung noch Komplikationen gegeben – eine große Lieferung aus Deutschland war beim Zoll hängengeblieben –, doch die Veranstalter hatten sich zu helfen gewußt. Sie hatten sich in letzter Minute Ersatz bei einer englischen Brauerei beschafft. Organisieren, das können sie, die Deutschen.

Shows veranstalten dagegen: Das können eher die Engländer. Zwei Tage später, am 14. November, gab es, nicht weit vom deutschen Weihnachtsmarkt entfernt, die nächste große Feier. Die Weihnachtsbeleuchtung der Stadt wurde offiziell angeschaltet, und in englischen Städten ist es Tradition geworden, diesen Akt mit einem großen Bühnenprogramm zu verbinden. Alkohol gab es zwar keinen, doch auf der Bühne in Birmingham stand eine sehr angesagte Boygroup. Und diesmal waren im Publikum mehr als genug Kinder, und Jugendliche und junge Erwachsene noch dazu. Es waren derart viele von ihnen da, und sie waren derart begeistert, daß die Ordnungskräfte irgendwann die Kontrolle verloren.

Absperrungen wurden durchbrochen und Menschen niedergerissen. Ein Massenansturm auf die Bühne schlug um in eine Massenpanik. Dutzende wurden zu Boden gestoßen und getreten und verletzt. Zum Glück gab es keine Toten. Das Konzert der Boygroup mußte abgebrochen, die feierliche Inbetriebnahme der Weihnachtbeleuchtung auf den nächsten Tag verschoben werden. Es dauerte Stunden, bis alle Verletzten versorgt und alle Zerstörungen beseitigt waren.

Aber zu weiteren Zwischenfällen kam es an diesem Tag nicht mehr. Mehr als 20 000 Menschen verliefen sich nach dem Abbruch der Show vollkommen friedlich. Die Behörden von Birmingham, die die Panik letztlich zu verantworten hatten, konnten noch einmal von Glück sagen. Der deutsche Weihnachtsmarkt war ganz in der Nähe, und Tausende fanden auf ihm Trost. Tausende konnten sich bei Bier und Glühwein und deutscher Gemütlichkeit von ihrem Schreck erholen. Am Abend des 14. November lächelte niemand in Birmingham mehr über die Deutschen und ihre eigenartigen Vorstellungen davon, was eine gute Show ist. Im nachhinein erwies es sich als äußerst kluge Entscheidung, daß die Deutschen zwei Tage zuvor keine angesagte Boygroup hatten singen lassen, sondern Patrick Lindner.

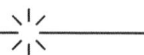

Fliegender Weihnachtsmann verursacht Fehlalarm

Der Notruf ging um halb fünf Uhr nachmittags ein. Die Notrufzentrale befand sich in Richmond in der englischen Grafschaft Yorkshire, der Anruf kam aus dem 15 Kilometer entfernten Dorf Marrick. Anfang Januar wurde es um diese Zeit schon dunkel, doch der Anrufer war sich sicher, daß draußen auf den Feldern irgend etwas passiert war. Er war sich sicher, gesehen zu haben, wie irgendein Objekt im Tiefflug über die Landschaft hinwegglitt und schließlich in eine Baumgruppe stürzte.

Die Feuerwehr schickte fünf Fahrzeuge los, die Polizei zwei, der medizinische Rettungsdienst eines. Die Retter, die zum vermutlichen Absturzort eilten, waren auf fast alles gefaßt. Vielleicht war ein Kleinflugzeug verunglückt oder ein Segelflugzeug oder auch ein Drachenflieger. Denkbar war vieles. Aber mit dem, was die Einsatzkräfte vor Ort dann tatsächlich vorfanden, hatte trotzdem niemand gerechnet.

Im Wipfel eines der Bäume hing ein riesiger Weihnachtsmann. Oder besser gesagt: eine Weihnachtsmannhülle. Ein Ballon war abgestürzt. Ein drei Meter großer, ursprünglich heliumgefüllter Weihnachtsmann war undicht geworden und gleichsam zum Sterben hier in der Gemarkung

Marrick niedergegangen. Ein Polizist kletterte zu ihm hinauf und ließ die restliche Luft aus dem Ballon. Die Hülle wurde geborgen, zusammengefaltet und eingepackt. Die Retter fuhren zurück.

Aber woher war der Ballon gekommen? Wie lange war er unterwegs gewesen? Und wie viele solcher Weihnachtsmannballons werden im Jahr eigentlich insgesamt gestartet? Gibt es vielleicht Wetterlagen, in denen sie sich auch länger in der Luft halten können? Gibt es Luftschichten, in denen sie sich vielleicht sogar sammeln können und im Verbund dahintreiben und zu einer Bedrohung des Luftverkehrs werden? – Daß beispielsweise Vulkanasche den Luftverkehr lahmlegen kann, wissen wir spätestens seit dem Ausbruch des Eyjafjallajökull im März 2010. Daß irgendwann einmal auch Schwärme von dahintreibenden Riesenweihnachtsmannballons eine Sperrung des Luftraums erforderlich machen könnten, mag heute noch abwegig erscheinen. Aber eines Tages passiert es dann eben doch.

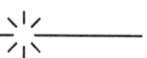

Eindringling stört Familienfeier

Die Haustür war nicht verschlossen, doch eigentlich muß eine Haustür in Treffen das auch nicht sein. Treffen ist eine kleine Gemeinde in Kärnten. Die Menschen dort können einander noch vertrauen. Es war Heiligabend, der alte Bäckermeister hatte sieben Familienmitglieder um sich versammelt, und vielleicht würde ja noch ein achtes dazukommen.

Aber dann, gegen 21 Uhr, trat stattdessen plötzlich ein Fremder ins Wohnzimmer. Er gab sich als Kriminalbeamter aus, doch er wirkte ganz und gar nicht vertrauenswürdig. Der Fremde war eindeutig nicht aus Treffen. Der alte Bäckermeister forderte ihn auf, das Haus sofort zu verlassen. Ein Familienmitglied rief telefonisch die Polizei. Der Fremde war betrunken.

Der Fremde weigerte sich, das Haus zu verlassen, und beharrte darauf, selbst Polizist zu sein. Er behauptete, eine Durchsuchung vornehmen zu müssen. Er sei auf der Fahndung nach einer bestimmten Person. Er wollte die übrigen Zimmer in Augenschein nehmen, doch der alte Bäckermeister stellte sich ihm in den Weg. Der Bäckermeister war 79 Jahre alt, der Fremde 34. Der Bäckermeister ahnte nicht, daß der Fremde wegen verschiedener Gewaltdelikte be-

reits 35fach vorbestraft war. Und der Bäckermeister hatte Glück: Der Fremde wurde ausnahmsweise einmal nicht gewalttätig und stieß lediglich Morddrohungen gegen die Anwesenden aus.

Und auch die Polizei war sehr schnell da. Die Inspektion befand sich nur vier Kilometer entfernt. Die Polizei führte den Eindringling sofort ab. Der Bäckermeister und seine Familie konnten sich, soweit sie jetzt noch in der Stimmung dazu waren, wieder ihrer Weihnachtsfeier zuwenden.

Der Fremde jedoch wurde im Gewahrsam der Polizei erst recht zornig und streitlustig. Wie sich bald herausstellte, war er ohnehin nur vorübergehend auf freiem Fuß. Für gewöhnlich war er Häftling in der nahegelegenen JVA Klagenfurt. Er hatte lediglich einen kurzen Hafturlaub bekommen, um Weihnachten zu Hause bei seiner Mutter feiern zu können.

Aber was hatte ihn dann ausgerechnet nach Treffen geführt? Warum war er ausgerechnet in das Haus des alten Bäckermeisters eingedrungen? Und nach wem hatte er dort gesucht? – Der Polizei gelang es nicht, ihn zu einer Erklärung zu bewegen. Er war einfach zu zornig und zu betrunken.

Noch in derselben Nacht brachte die Polizei ihn darum auch wieder zurück, nicht zu seiner Mutter, sondern gleich zur JVA in Klagenfurt.

Der Hafturlaub wurde natürlich aufgehoben.

Schulklasse entlarvt Weihnachtsdiskriminierung

Was schenkt man einem kleinen Jungen, der sich zu Weihnachten einen Spielzeugbagger wünscht? Und was einem kleinen Mädchen, das gern eine bestimmte Puppe hätte?

Die Frage ist nicht so leicht zu beantworten, wie man denkt. Sie ist es zumindest nicht in Schweden. Eine Schulklasse von etwas größeren Jungen und Mädchen hat mit einer Beschwerde beim *Reklamombudsmannen* in Stockholm für einige Verunsicherung gesorgt. Es kommen schwere Zeiten zu auf den schwedischen Spielwarenhandel. Die Schulklasse, eine sechste Klasse aus der schwedischen Stadt Växjö, beschwerte sich über den Weihnachtskatalog der Spielwarenkette *Toys 'R' Us*. Und der *Reklamombudsmannen* hat der Schulklasse recht gegeben.

Der *Reklamombudsmannen* ist ein Rat, der darüber wachen soll, daß in der Werbung die Menschenwürde gewahrt bleibt. Niemand darf, aus welchen Gründen auch immer, diskriminiert werden. Die Diskriminierung fängt mit Rollenzuweisungen an. Sie fängt zum Beispiel damit an, daß von Männern Männlichkeit erwartet wird und von Frauen Weiblichkeit. Sie fängt damit an, daß aus Jungen Männer werden sollen und aus Mädchen Frauen. Die Beschwerde der Schulklasse aus Växjö bezog sich auf den Umstand,

daß *Toys 'R' Us* in seinem Weihnachtskatalog einen Unterschied zwischen Jungen- und Mädchenspielzeug machte. Jungen spielten mit Baggern, Mädchen mit Puppen. Der Werberat gab der Beschwerde der Schulklasse statt und verlangte von *Toys 'R' Us* eine Stellungnahme.

Die Zwölfjährigen hatten nicht unbedingt aus eigenem Antrieb gehandelt. Die Auseinandersetzung mit geschlechtsspezifischen Rollenbildern war in ihrer Klasse Unterrichtsschwerpunkt. Sie war es schon seit zwei Jahren. Bereits als Zehnjährige hatten die Schüler unter Anleitung ihrer Klassenlehrerin damit begonnen, alte Denkmuster kritisch zu hinterfragen. Der Weihnachtskatalog von *Toys 'R' Us* war eine Fundgrube für fragwürdige Rollenbilder. Jungen posierten als Superhelden, Mädchen als Prinzessinnen. Jungen suchten das Abenteuer, Mädchen das häusliche Glück. Die Welt der Jungen war in dunklen Farben gehalten, die Welt der Mädchen war rosa. Die Zwölfjährigen empfanden es als einen Versuch, sie zu manipulieren, und forderten die Spielzeugkette auf, derlei in Zukunft zu unterlassen.

Toys 'R' Us hat zwar wie verlangt eine Stellungnahme abgegeben, doch Einsicht zeigte das Unternehmen darin keine. Es brauchte den Werberat nicht zu fürchten; der *Reklamombudsmannen* kann keine Strafen verhängen, er kann lediglich Rügen erteilen. *Toys 'R' Us* erlaubte sich also zu widersprechen: Aus Händlersicht gebe es den Unterschied zwischen Jungen- und Mädchenspielzeug sehr wohl. Jungen und Mädchen wünschten sich zu Weihnachten keineswegs durchweg dasselbe. Und der Werberat erlaubte sich, seine Rüge daraufhin ganz besonders harsch

zu formulieren: Der Weihnachtskatalog sei anachronistisch, sexistisch und entwürdigend, und zwar für Mädchen und Jungen gleichermaßen.

Die Schulklasse aus Växjo feierte es als Erfolg, doch in Wahrheit haben sich durch diese Rüge die Fronten bloß verhärtet. Wer ist schuld daran, wenn Mädchen nicht mit Baggern und Jungen nicht mit Puppen spielen? – Solange sie es jedenfalls in der Wirklichkeit nicht tun, sagt einerseits der Spielwarenhandel, solange kann man es auch in der Werbung nicht so darstellen. Solange man es in der Werbung nicht so darstellt, sagt andererseits der Werberat, so lange werden sie es auch in der Wirklichkeit nicht tun. Es ist die alte Frage nach dem, was zuerst da war: die Wirklichkeit oder der Weihnachtskatalog.

Was also schenkt man in Schweden einem kleinen Jungen, der sich zu Weihnachten einen Spielzeugbagger wünscht? Die Ausführungen des schwedischen Werberats legen nahe, daß man ihm eher eine Puppe schenken sollte und umgekehrt einem Mädchen, das gerne eine Puppe hätte, eher einen Bagger. Es wäre gewiß das politisch Korrektere, aber ein wenig grausam erschiene es trotzdem, insbesondere einem Kind gegenüber, das sich noch gar nicht darauf versteht, die eigenen Denkmuster kritisch zu hinterfragen. Vielleicht sollte man mit dieser Vorgehensweise wenigstens so lange warten, bis das Kind alt genug ist, um zumindest eines schon gelernt zu haben: daß man ein Geschenk nämlich, wie 30 Prozent aller Schweden es nach Weihnachten ohnehin tun, auch umtauschen kann.

Weihnachtsbaum kippt auf Weihnachtsmarkt

Bezeichnenderweise war es der höchste Weihnachtsbaum von ganz Tschechien, der umfiel. Und dummerweise stand er ausgerechnet auf dem Weihnachtsmarkt am Altstädter Ring in Prag. Er stand in einer Stahlröhre, die man vor Jahren eigens als Weihnachtsbaumhalterung zwei Meter tief in den Boden eingelassen hatte. Die Stahlröhre hielt, der Stamm des Baums aber nicht. Ein Windstoß fuhr in die 30 Meter hohe Fichte, sie brach gleich oberhalb der Röhre, und der Baum fiel mitten in die Buden und in die Besucher hinein.

Es geschah am Nikolaustag um elf Uhr vormittags. Vier Marktbesucher schafften es nicht mehr rechtzeitig, zur Seite springen, und wurden verletzt. Einer von ihnen, ein britischer Tourist, wurde sogar ziemlich schwer verletzt. Nicht nur die Stadt Prag, sondern auch andere tschechische Städte ließen sofort Bedienstete ausschwärmen, die jeden öffentlichen Weihnachtsbaum auf seine Sicherheit kontrollierten. Wo es nötig erschien, wurden Bäume gekürzt oder tiefer in den Boden eingelassen. In den Jahren zuvor hatte zwischen den Städten eine Art Wettrüsten um den höchsten Weihnachtsbaum des Landes stattgefunden. Nun wurde den Städten mulmig, denn im Fall des umgestürzten Baums von Prag nahm sogar die Polizei Ermittlungen auf.

Wer hat Sorge dafür zu tragen, daß ein Weihnachtsbaum, der auf dem Prager Weihnachtsmarkt steht, auch stehen bleibt? Die Stadtverwaltung verwies auf den  Betreiber des Markts, ein privates Unternehmen. Der Betreiber verwies auf die Stadtverwaltung. Beide versuchten sie gemeinsam, die Schuld auf den Weihnachtsbaum bzw. dessen schlechtes Holz abzuwälzen. Und beide machten sie außerdem den britischen Touristen zumindest mitverantwortlich für sein Unglück. Der Baum war nämlich recht langsam umgefallen, um nicht zu sagen: umgesunken. Fast alle Marktbesucher waren rechtzeitig zur Seite gesprungen. Warum nicht auch der Tourist?

Sechs Stunden dauerte seine Operation, vier Monate lang war der Brite anschließend noch auf den Rollstuhl angewiesen. Und es sollte sogar drei Jahre dauern, bis endlich zwei tschechische Gerichte nacheinander entschieden hatten: Sowohl die Stadt Prag als auch der private Betreiber des Weihnachtsmarkts mußten Schmerzensgeld zahlen, selbstverständlich. Es muß in Tschechien einfach möglich sein, einem Weihnachtsbaum gefahrlos den Rücken zuzukehren.

Der Baum ist mitnichten deshalb umgestürzt, weil sein Holz schlecht war. Der Baum kam aus Mähren, als Geschenk der Gemeinde Velké Karlovice. Die Gemeinde hat gleich nach dem Unfall Gutachter mit einer Untersuchung des Stamms beauftragt, und deren Befund war eindeutig: Der Baum war kerngesund gewesen. Der Betreiber des Weihnachtsmarkts selbst hatte ihn sich sogar ausgesucht. Der Baum war allein deshalb umgestürzt, weil die Stahlröhre, die man als Halterung für ihn benutzt hatte, nur für Bäume von maximal 25 Metern geeignet war. Die entsprechenden Berechnungen der Ingenieure lagen wohlverwahrt im Rathaus. Es hatte nur nie jemand daran gedacht, sie sich anzusehen.

Die Gemeinde Velké Karlovice war empört und kündigte der Stadt Prag die Freundschaft. Über viele Jahre hinweg hatte sie Prag zu Weihnachten einen Baum für den Altstädter Ring geschenkt. Damit war nun Schluß; die Stadt muß seither zusehen, wie sie sich ihre Bäume woanders besorgt. Prag hat sein Verschulden zwar bis heute nicht zugegeben, aber die Bäume, die es seither aufstellt, sprechen für sich. Sie sind deutlich kleiner geworden. In anderen Städten sind sie es ebenfalls. Das Wettrüsten um den höchsten Weihnachtsbaum des Landes hat aufgehört. Die Leiden des britischen Touristen sind zumindest nicht ganz umsonst gewesen.

Zweieinhalb Millionen tschechische Kronen, etwa 85 000 Euro zum damaligen Kurs, hat ein Bezirksgericht in Prag dem Briten in erster Instanz an Schmerzensgeld zugestanden, auf umgerechnet 20 000 Euro hat das Kreisgericht Prag den Betrag in zweiter Instanz reduziert. Das Kreisgericht bestätigte zwar die Auffassung des Bezirksgerichts, daß es die Sache der Stadt Prag und des jeweiligen Weihnachtsmarktbetreibers ist, für die Sicherheit eines Weihnachtsmarktbaumes zu sorgen, teilte aber gleichzeitig die Auffassung der Stadt und des Betreibers, daß der

Brite vor dem stürzenden Baum trotzdem noch hätte weglaufen können.

Man kann für den britischen Touristen nur hoffen, daß ihm wenigstens diese 20 000 Euro dann auch wirklich ausbezahlt wurden. Die Stadt Prag nämlich hat gleich nach der Urteilsverkündung angekündigt, die Entscheidung des Kreisgerichts ebenfalls anfechten zu wollen. Und wenn sie dabei geblieben ist, dann steht der Tourist bald noch vor dem tschechischen Verfassungsgericht.

Der Kirchenchor der Hölle

Weihnachtskatastrophen
aus
Afrika

Kirchenchor stört Mittagsschlaf

Weihnachten ist ein Fest der Freude, aber man kann sich auch zu sehr freuen. Eine Kirchengemeinde in Kenia hat sich sogar so sehr gefreut, daß sie am Ende bloß noch mit Warnschüssen wieder zur Vernunft zu bringen war.

Die Gemeinde war auf die Idee verfallen, ihrer Freude mit einem Festumzug Ausdruck zu verleihen. Als erste Station dafür hatte sie sich einen Vorort im Süden der Hauptstadt Kampala ausgesucht. Die Teilnehmer waren jung und stimmgewaltig, ihre Begeisterung war groß, und die Lautsprecher ihres Pastors waren noch größer. Der Platz, an dem sich die Teilnehmer versammelten, gehörte freilich zu einer vornehmen Wohnanlage.

Es war Heiligabend. Die Gemeinde hatte ihre Kundgebung nicht angemeldet, und dementsprechend überrumpelt fühlten sich die Anwohner. Nicht jedem waren die ungebetenen Gäste willkommen. Nicht jeder war bereit, einen Überraschungsgottesdienst vor der eigenen Haustür einfach über sich ergehen zu lassen. Die Anwohner wandten sich an einen der ihren: an einen Stabsoffizier und Sicherheitsberater des ugandischen Präsidenten. Und der Offizier ließ sich nicht zweimal bitten – ihn selbst hatte der plötzliche Lärm bei seinem Mittagsschlaf gestört.

Der Offizier betrat die Szene gerade, als ein erster Gesangsteil der Kundgebung beendet war und der Pastor mit der Predigt begonnen hatte. Der Offizier versuchte, sich bemerkbar zu machen, doch er fand keine Beachtung. Bei der Gemeinde handelte es sich um eine der vielen afrikanischen Pfingstgemeinden. Es gehört bei solchen Gemeinden dazu, daß sie während eines Gottesdienstes nicht ansprechbar sind: Der Heilige Geist ist über sie gekommen und hält sie ganz in seinem Bann.

Der Offizier hätte das Problem gern anders gelöst, doch er sah nur mehr eine Möglichkeit. Er zog seine Dienstwaffe und feuerte zwei Schüsse in die Luft. Er hätte die Waffe

zu solch einem Zweck eigentlich nicht verwenden dürfen, aber der Erfolg gab ihm recht. Die Gemeinde kam schlagartig zu sich. Der Pastor ließ sein Mikrophon fallen und ergriff die Flucht, und ein Großteil seiner Anhänger floh mit ihm. Nur ein kleiner Teil blieb stehen und hörte sich gesenkten Hauptes die Strafpredigt des Offiziers an.

Der Offizier brauchte nicht lange. Nachdem er noch ein paar Kabel aus den Lautsprechern gerissen und ein paar Stühle umgeworfen hatte, war sein Zorn auch schon wieder verraucht. Es war schließlich Weihnachten. Der Offizier und die Anwohner, die ihn begleitet hatten, zogen sich befriedigt in ihre Wohnungen zurück. Und der ganz kleinlaut gewordenen Gemeinde blieb aufgrund ihres Glaubens ja gar nichts anderes übrig, als dem Grobian seinen Auftritt zu verzeihen.

Und trotzdem: Für den Rest des Weihnachtsfests wollte der Heilige Geist nicht mehr so recht über sie kommen. Die Gemeinde packte ihre Ausrüstung zusammen und zerstreute sich. Auf drei Tage war der Festumzug angesetzt gewesen, doch eine Fortsetzung fand er nach diesem Vorfall nicht mehr.

Okitipupa

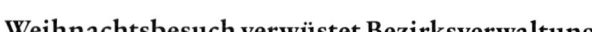

Weihnachtsbesuch verwüstet Bezirksverwaltung

Einen eher ungewöhnlichen Verlauf nahm der Heilige Abend 2009 im Amtssitz eines Landrats in Nigeria. Etwa zweihundert junge Leute aus dem Bezirk Okitipupa im Bundesstaat Ondo hatten sich in den Mittagsstunden vor dem Gebäude versammelt, um dem Landrat ein frohes Fest zu wünschen. Genau wie der Landrat gehörten auch die Jugendlichen der sozialistischen *Labour Party* an. Sie standen  auf seiner Seite, und sie konnten erwarten, daß er sich jetzt an Weihnachten dafür erkenntlich zeigen würde. Der Landrat empfing sie zwar nicht sofort, aber die Jugendlichen hatten Zeit. Sie machten es sich bequem und übten sich in Geduld.

Es ist in Nigeria normal, daß Jugendliche von einem Politiker Geschenke erwarten. Es gibt sehr viele Jugendliche in Nigeria, aber nur sehr wenig Arbeit für sie. Jugendliche stehen einem Politiker vor allem deshalb zur Seite, weil es für sie eine der wenigen Möglichkeiten ist, sich zumindest ein bißchen Geld zu verdienen. Ein Politiker, dem man bei einem öffentlichen Auftritt zujubelt, ist einem hinterher etwas schuldig. Ein Politiker, dem zweihundert Jugendliche ein frohes Fest wünschen wollen, weiß, daß sie das nicht bloß zum Vergnügen tun. Die Jugendlichen können auch anders.

Die Jugendlichen harrten aus, doch der Landrat kam und kam nicht. Die Jugendlichen brachten sich bei seinen Mitarbeitern in immer kürzeren Abständen in Erinnerung, doch es half nichts. Die Jugendlichen wurden ungemütlich. Sie machten sich mehr und mehr auch innerhalb des Gebäudes breit. Sie hatten ein Recht darauf, dem Landrat ein frohes Fest zu wünschen, und seine Mitarbeiter wußten das sehr genau. Das Problem war nur: Der Landrat konnte die Jugendlichen gar nicht empfangen. Er war überhaupt nicht da.

Die Mitarbeiter hätten es vielleicht besser gleich gesagt. Der Landrat war nicht nur nicht da: Es war mit ihm für heute auch nicht mehr zu rechnen. Die Mitarbeiter taten zwar so, als hätten sie es eben selbst erst erfahren, doch die Jugendlichen glaubten ihnen nicht. Die Jugendlichen begannen zu randalieren. Wieso war der Landrat zu den üblichen Bürozeiten nicht im Büro? Die Mitarbeiter nahmen Reißaus. Wäre der Landrat im Büro gewesen, wäre es nie so weit gekommen.

Erst lange nach Büroschluß hat die Polizei die Jugendlichen schließlich dazu bewegen können, das Gebäude wieder zu räumen. Der Sachschaden, den sie hinterlassen haben, lag weit über dem, was eine gütliche Einigung mit ihnen gekostet hätte. Zwanzig Personen mußten noch in der Heiligen Nacht ärztlich behandelt werden, sechs Personen verbrachten die Nacht sogar hinter Gittern.

Der Landrat war noch nicht lange Landrat. Es war für ihn das erste Weihnachtsfest in diesem Amt, und man kann

nur hoffen, daß er daraus gelernt hat. Zwei Wochen später, beim Neujahrsempfang der Bezirksverwaltung, sollte einer der Redner den Finger auch prompt auf die Wunde legen. Der Redner kam auf die mangelnde Arbeitsdisziplin innerhalb der Behörde zu sprechen. Er stellte klar, daß ein Mitarbeiter sich während der Arbeitszeiten gefälligst auch an seinem Arbeitsplatz aufzuhalten habe.

Und man hätte dem Redner noch eifriger zugestimmt, wenn es nicht ausgerechnet der Landrat selbst gewesen wäre.

Jingle Bells
vor Gericht

Weihnachtskatastrophen

aus

Amerika

Phoenix

Strafgefangener klagt gegen Weihnachtsbeschallung

Es gibt keine rechtlichen Mittel gegen Weihnachtsmusik. Es gibt sie insbesondere nicht für diejenigen, die unter ihr am meisten leiden: für die Angestellten im Einzelhandel nämlich. Niemand kann ein Kaufhaus daran hindern, seine Verkaufsräume von morgens bis abends mit Weihnachtsliedern zu beschallen. Immer wieder haben Gewerkschaften dagegen aufbegehrt. In Tschechien haben sie Lohnzulagen gefordert, in Österreich eine Begrenzung der Beschallungszeit, in Deutschland zusätzliche Arbeitspausen. Aber keine dieser Initiativen hatte Erfolg. Nirgends erkennt das Arbeitsschutzrecht Weihnachtsmusik als Gesundheitsrisiko an. Solange die Musik nicht lauter ist als 79 Dezibel, muß ein Beschäftigter sie wohl oder übel hinnehmen. Wer es nicht aushält, sieben bis acht Stunden am Tag Weihnachtslieder zu hören, der wäre besser etwas anderes geworden als ausgerechnet Verkäufer.

Es gibt keine rechtlichen Mittel, und es kommt alles immer noch schlimmer. In den USA dürfen sogar die Gefängnisse schon mit Weihnachtsmusik beschallt werden. Das *Lower Buckeye Jail* im Bundesstaat Arizona zum Beispiel tut dies. Ein Häftling hat dagegen geklagt, doch seine Klage wurde im Januar 2010 abgewiesen.

Das *Lower Buckeye Jail* ist ein neues und hochmodernes Gefängnis. Es ist erst 2005 in Betrieb genommen worden. Angeblich soll die Musik beruhigend wirken. Angeblich ist es gerade in der Weihnachtszeit besonders wichtig, die Häftlinge zu beruhigen. Der Inhaftierte, der gegen die Weihnachtsbeschallung klagte, fühlte sich aber nicht beruhigt. Die Musik lief in sämtlichen Aufenthalts- und Besuchsräumen, und sie lief täglich zehn Stunden lang, von sieben Uhr früh bis fünf Uhr nachmittags. Der Häftling fühlte sich belästigt, mißhandelt und verfolgt. Doch am Ende stand Aussage gegen Aussage.

Der Inhaftierte fühlte sich missioniert. Er empfand die Musik als zu christlich. Die Gefängnisleitung wies den Vorwurf zurück und legte dar, wie sie das Musikprogramm im einzelnen zusammengestellt hatte – nämlich ganz im Gegenteil sogar ausgesprochen multireligiös, mit gemütvollen und besinnlichen Liedern etwa auch aus der jüdischen, der islamischen oder der keltischen Kultur. Das Gericht schloß sich der Sichtweise der Gefängnisleitung an.

Dem Häftling zufolge hat sich die Stimmung im Gefängnis durch die Beschallung verschlechtert, der Gefängnisleitung zufolge hat sie sich verbessert. Der Inhaftierte beschrieb die Beschallung als laut und lästig, die Gefängnisleitung beschrieb sie als dezent. Der Häftling gab an, die Musik bis in seine Zelle gehört zu haben, der Gefängnisleitung zufolge war das schlicht ausgeschlossen. Das Gericht glaubte der Gefängnisleitung. Die Klage wurde abgewiesen. Sie wurde abgewiesen, wie auch in Zukunft jede Klage dieser Art in Arizona abgewiesen werden wird.

Es gibt keine rechtlichen Mittel gegen Weihnachtsmusik. Der Häftling ist bereits der sechste aus dem *Lower Buckeye Jail* gewesen, der es nicht wahrhaben wollte und dann vor Gericht gescheitert ist. Zum sechsten Mal schon hat ein Gericht die Rechtmäßigkeit der Weihnachtsbeschallung im Strafvollzug bestätigt, und mit jedem Urteil wird die Linie der amerikanischen Rechtsprechung klarer.

Wer es nicht aushält, zehn Stunden am Tag Weihnachtslieder zu hören, der wäre besser etwas anderes geworden als ausgerechnet Verbrecher.

$\scriptstyle \diagdown \mid \diagup$
$\scriptstyle \diagup \mid \diagdown$

Weihnachtsgeschenk bringt Familie in Lebensgefahr

Ein junges Paar im US-Bundesstaat Oregon, das über Weihnachten mit seiner kleinen Tochter zu Verwandten fahren wollte, hätte dazu einerseits dieselbe Strecke nehmen können wie immer. Das Paar war sie schon mehrmals gefahren, es kannte sie, und es wußte, wie lange es für sie brauchen würde. Andererseits aber hatte der Mann zu Weihnachten auch ein neues Navigationssystem geschenkt bekommen.

Der Mann beschloß, das Geschenk gleich auszuprobieren. Er ließ sich eine neue Strecke berechnen und folgte ihr. Die neue Strecke sollte deutlich kürzer sein als die alte, und in gewisser Weise war sie es tatsächlich: Sie endete nach nicht allzulanger Zeit auf einem einsamen, unpassierbaren Feldweg im Niemandsland. Der Wagen blieb in einer Schneewehe stecken.

Die Gegend war so einsam, daß sich nicht einmal ein Mobilfunknetz fand. Das Paar war von der Außenwelt abgeschnitten. Es verbrachte die Heilige Nacht im Wagen und konnte nur hoffen, daß irgendwann Hilfe kommen würde. Es verbrachte auch den darauffolgenden Tag im Wagen und begann die Hoffnung aufzugeben. Es machte sich sogar schon daran, mit der Kamera ein Abschiedsvideo aufzuzeichnen.

Die Polizei hatte mittlerweile zwar begonnen, nach den Vermißten zu suchen, aber bislang keinen Erfolg gehabt. Oregon ist groß und leer. Es gab nur eine Möglichkeit, sie zu finden, und es waren Nachbarn des jungen Paars, die sich auf diese Möglichkeit schließlich besannen. Die Nachbarn wußten, daß der Mann ein Navigationssystem geschenkt bekommen hatte, und mehr noch: Sie besaßen zufälligerweise sogar das gleiche. Sie gaben das Fahrtziel der Vermißten ein, sie nahmen ein für die Wetterlage besser geeignetes Fahrzeug – und sie hatten Glück. Das Navigationssystem erwies sich zumindest in dieser Beziehung als zuverlässig. Die Nachbarn wurden auf denselben einsamen Feldweg gelenkt, und sie kamen gerade noch rechtzeitig. Das Abschiedsvideo war bereits fertig, doch benötigt wurde es nun gottlob nicht mehr.

Das Paar war gerettet. Mit 24 Stunden Verspätung nahmen die erleichterten Verwandten es endlich in Empfang. Das Abschiedsvideo war hinfällig, und die Abschiedsworte, die das Paar in seiner vermeintlich letzten Stunde gesprochen hat, bleiben sein Geheimnis.

Und das ist vielleicht auch gut so. Vielleicht war unter seinen Abschiedsworten auch das eine oder andere, das man besser nicht wiederholt. Speziell auf die Eltern des Mannes dürfte das Paar zum Zeitpunkt der Aufzeichnung gar nicht gut zu sprechen gewesen sein, denn die Eltern hatten ihm das unselige Navigationssystem geschenkt.

Vail

Esel fliehen vor Krippenspiel

3000 Kilometer sind es von der Ortschaft Vail im US-amerikanischen Bundesstaat Colorado bis zur Ortschaft Sterling im Bundesstaat Connecticut. Ob die beiden Esel, die in der Nacht zum 23. Dezember aus einem Pferch in Vail ausbrachen, sich tatsächlich auf den Weg nach Sterling machen wollten, läßt sich nicht mit Gewißheit sagen – dazu wurden sie zu früh schon von ihren Verfolgern eingeholt und wieder eingefangen. Doch was die beiden jedenfalls nicht wollten, ist klar.

Der Pferch gehörte der presbyterianischen Kirchengemeinde von Vail. Die Gemeinde hatte vor, am Abend des 23. Dezember ihr alljährliches Krippenspiel zur Aufführung zu bringen, und es war natürlich geplant, daß die beiden Esel in dieser Aufführung die Rolle zweier Esel übernahmen. Wenn sie damit einverstanden gewesen wären, wären sie geblieben. Offensichtlich waren sie es nicht.

Der Fluchtversuch ist gescheitert, aber viel hat nicht gefehlt. Wenn nicht zufällig gleich am frühen Morgen ein Mitglied der Kirchengemeinde am Pferch vorbeigekommen wäre – die Esel hätten es vielleicht sogar geschafft. Doch Mutmaßungen sind müßig – es hat nun mal nicht sollen sein. Die Esel wurden gesucht, gefunden und wie-

der in ihren Pferch gebracht. Am Abend des 23. Dezember 2009 sah man die beiden Esel brav im Krippenspiel der presbyterianischen Gemeinde von Vail auftreten.

Die Suchaktion, die sich über Stunden hinzog, ist später in der lokalen Presse ausführlich geschildert worden, die Einzelheiten allerdings sind wohl nur für Ortskundige interessant. Worauf es ankommt, das ist vielmehr die Reaktion der Esel. Sie leisteten keinerlei Widerstand, als der Sheriff auf einem einsamen Bahngleis schließlich vor ihnen stand. Sie versuchten nicht einmal davonzulaufen. Sie machten anstandslos kehrt und ließen sich still und gefaßt den ganzen kilometerlangen Weg zurück in den Ort und in den Pferch führen.

Der Pfarrer der Gemeinde hat später besonders auf diesen Umstand hingewiesen. Er selbst ist es gewesen, der die Esel führte, und die Fügsamkeit, mit der sie ihm folgten, habe ihn – so schrieb er in einem Gemeindebrief – unwillkürlich an die Weihnachtsgeschichte denken lassen. So, wie die beiden Esel sich in ihr Schicksal gefügt hätten, so hätten auch Josef und Maria ihr Schicksal klaglos in Gottes Hand gelegt.

Der Pfarrer war so überschwenglich, daß er sogar beschloß, den beiden Ausreißern neue Namen zu geben. Nach allem, was geschehen war, gab es, wie er in seinem Gemeindebrief weiter ausführte, nur noch zwei Namen, die in Frage kamen: Maria und Josef. Und das war des Guten dann vielleicht doch etwas zuviel.

Denn das Thema der Weihnachtsgeschichte ist ja trotz allem ein anderes. Nicht um die Schicksalsergebenheit von Maria und Josef geht es, sondern zuallererst einmal um die

Geburt eines Heilands. Und wenn wir auch nicht mit Sicherheit sagen können, ob es wirklich die 3000 Kilometer entfernte Ortschaft Sterling in Connecticut war, zu der die beiden Esel aus Vail sich aufmachen wollten, so spricht doch einiges dafür.

In einem Stall in Sterling nämlich hatte sich drei Wochen zuvor etwas sehr Seltsames ereignet. Einer Kuh namens Fuzzy war ein Kälbchen geboren worden, das anders war als die anderen. Presse und Fernsehen hatten viel darüber berichtet, und es ist sehr gut vorstellbar, daß davon auch den beiden Eseln etwas zu Ohren gekommen ist. Es ist gut vorstellbar, daß die beiden Esel sich ob dieser Berichte fragten, wo überhaupt ihr Platz war – im Krippenspiel von Vail oder im Stall von Sterling. Und gerade, wenn die beiden Esel gläubig waren, konnte ihre Antwort eigentlich nur lauten: im Stall von Sterling, Connecticut.

Denn das, was das Kälbchen in diesem Stall so anders machte, war eine auffällige Zeichnung auf der Stirn. Das Kälbchen war männlich, es war einfarbig braun, und auf der Stirn, da trug es ein großes, weißes, klar umrissenes Kreuz.

Gerade der Pfarrer in Vail hätte es sich eigentlich denken können. Gerade er hätte mehr Verständnis für die beiden Esel aufbringen und sie laufen lassen können. Gerade von ihm hätte man erwarten sollen, daß ihm für die beiden passendere Namen einfallen und daß er sie nicht Maria und Josef tauft, sondern Caspar oder Balthasar oder Melchior.

Weihnachtsmann hängt in der Luft

24 Meter hoch war die Fassade, an der sich ein Weihnachtsmann in einem texanischen Einkaufszentrum abseilen
sollte, aber neun Meter über dem Erdboden war Schluß.
Der Weihnachtsmann hatte sich mit seinem Bart verfan-
gen. Der Bart war in den sogenannten Abseilachter geraten: in die an seinem Klettergurt befestigte Öse, durch die
das Seil hindurchlief. Von Scheinwerfern angestrahlt, hing
der Weihnachtsmann da und rief um Hilfe, und Hunderte
von Zuschauer konnten es sehen und hören und machten
sich größte Sorgen um ihn.

Ihm allerdings helfen, das konnten sie nicht. Vor allem
die vielen Kinder im Publikum hatten Tränen in den Augen. Erst fiel dem Weihnachtsmann die Mütze vom Kopf.
Bald darauf bekam er eine Schere zugeworfen, mit der er
sich dann auch noch den Bart abschnitt. Die Bartzotteln
in der Öse jedoch blockierten das Seil weiterhin, und der
Weihnachtsmann hing weiter fest – so lange, bis schließlich
die Feuerwehr eintraf. Eine Leiter wurde herangefahren,
ein Helfer stieg sie hinauf und öffnete dem Weihnachtsmann den Klettergurt, und erst jetzt, nach einer Ewig-
keit des Hoffens und Bangens, waren Publikum wie Weihnachtsmann erlöst. Man sah ihn wohlbehalten die Leiter

herunterkommen. Man sah ihn endlich auf sicherem Boden stehen. Die Erde hatte den Weihnachtsmann wieder.

Sofern man ihn als solchen überhaupt noch bezeichnen konnte. Denn seine Mütze und seinen Bart, die besaß er ja nun nicht mehr – genau die Dinge also, die einen Weihnachtsmann nun einmal ausmachen. Hört ein Weihnachtsmann, der sie verliert, nicht irgendwie auf, einer zu sein? Und sollte er über Mütze und Bart hinaus nicht auch eine gewisse Würde besitzen? Und verliert er die nicht ebenfalls, wenn er in neun Meter Höhe an einem Kletterseil herumzappelt und sich nicht selbst befreien kann?

Den Eltern der Kinder, die das Drama im Einkaufszentrum mit angesehen haben, dürften am Abend so einige unangenehme Fragen gestellt worden sein. Den Mitarbeitern des Einkaufszentrums, die für den Werbegag mit der Abseilaktion verantwortlich waren, ebenfalls.

Chicago

Schauspieler erlebt unschöne Bescherung

Nicht jedes Weihnachtsgeschenk bereitet Freude. Nicht jedes Geschenk ist originell. Nicht jede Geschenkidee ist gut, und nicht jede gute Idee kommt auch gut an. Ein Schauspieler in Chicago hat ein sehr originelles Weihnachtsgeschenk bekommen und sich trotzdem nicht wirklich gefreut.

Der Schauspieler kehrte von einer kurzen Reise zurück. Es war der dritte Advent. Der Schauspieler war jung und lebte allein und hatte einem Kollegen aus seiner Theatergruppe einen Schlüssel für die Wohnung dagelassen. Die Gruppe war auf komisches Improvisationstheater spezialisiert, und das Geschenk, das den Schauspieler bei seiner Rückkehr erwartete, war in gewisser Weise eine Demonstration ihres Könnens. Während seiner Abwesenheit hatte die Theatergruppe seiner Wohnung einen Besuch abgestattet.

Die Aktion ist gut dokumentiert. Es gibt ein Video, das die Wohnung so zeigt, wie die Theatergruppe sie hinterlassen hat, und es gibt ein zweites Video davon, wie der Schauspieler die Wohnung am Tag darauf ahnungslos betritt. Eine Kollegin aus der Gruppe hat ihn beim Nachhausekommen begleitet und gefilmt. Das erste Video zeigt eine ganz gewöhnliche Wohnung in einem ganz und gar unge-

wöhnlichen Zustand, das zweite zeigt den Mann, der das Pech hat, in ihr zu wohnen. Die Wohnung ist bis in den letzten Winkel in Geschenkpapier verpackt.

Die Videos wurden bei YouTube hochgeladen, und nach einer Woche hatten schon eine halbe Million Menschen sie gesehen. Die beiden Videos haben den Schauspieler  berühmt gemacht, wenngleich auch nicht auf die Art, auf die ein Schauspieler berühmt werden möchte. Obwohl die Wohnung des Schauspielers klein war, hatten seine Kollegen riesige Mengen an Geschenkpapier verbraucht. Jeder einzelne Gegenstand war darin eingewickelt: jeder Stuhl, jeder Tisch, jedes Bild an der Wand. Sämtliche Lebensmittel im Kühlschrank waren in Geschenkpapier eingeschlagen, und die Tür des Kühlschranks war es ebenfalls. Jeder Vorhang war es. Jedes Kissen, jedes Kleidungsstück, jedes Handtuch. Der Klodeckel, das Klopapier, die Klobürste. Jedes Stück Seife. Jedes Shampoo. Jeder Kamm. Jede Seifenschale. Die Post im Briefkasten, das Geschirr im Küchenschrank, die Wäsche in der Kleiderkammer. Einfach alles. Der junge Schauspieler war in eine Wohnung zurückgekehrt, die sich in einen einzigen Gabentisch verwandelt hatte. Seine Freunde hatten ihm sein gesamtes Leben als Geschenk verpackt.

Das Video von der geschenkverpackten Wohnung ist fraglos komisch und verblüffend, das Video von der Heimkehr des arglosen Bewohners ist es nur bedingt. Man bekommt auch Mitleid mit dem Schauspieler. Er tut sich nicht leicht damit, den Streich, den seine Freunde ihm ge-

spielt haben, lustig zu finden. Er will kein Spielverderber sein. Er lacht, aber ihm ist nicht zum Lachen zumute. Er besieht sich die Bescherung, die einmal sein Zuhause war, er ringt um Worte, und er findet trotzdem keine anderen als immer und immer wieder nur: »Oh my god!«

Nach ein paar Tagen hatte der Schauspieler sich natürlich wieder gefaßt. Er kam sogar ins Fernsehen mit seiner Geschichte. Sie hat ihm zwar nicht zu einer Rolle verholfen, aber immerhin zu einem Interview im Hauptabendprogramm von CNN. Vor der Fernsehkamera konnte er schon wieder recht glaubhaft so tun, als habe er sie lustig gefunden. Er hat es früher oder später wohl auch selbst geglaubt.

Doch er kann sich nur schlecht gefühlt haben. Es kann nur ein Schock für den jungen Schauspieler gewesen sein, als ihm bewußt wurde, was eigentlich geschehen war. In den vielen hundert Geschenkpaketen um ihn herum befand sich alles, was er war, und alles, was er hatte. Die Bescherung, die seine Freunde ihm bereitet hatten, war auch eine Bilanz. Jeder Bestandteil seines Lebens war Stück für Stück erfaßt und gewürdigt und feierlich verpackt worden. All diese Geschenke zusammengenommen ergaben nicht weniger als sein Schicksal: seine Erinnerungen, seine Möglichkeiten, seine Erfolge, seine Versäumnisse, seine Vergangenheit, seine Zukunft. Und kein einziges Stück davon konnte er umtauschen.

Guadalupe

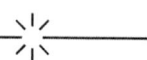

Ferienende treibt Schuljungen zur Verzweiflung

Klebrige Kinderhände sind in der Weihnachtszeit nichts Ungewöhnliches. Ein Großteil der Nahrung, die ein Kind in den Festtagen zu sich nimmt, besteht nun einmal aus Süßigkeiten. Einem zehnjährigen Jungen in der mexikanischen Stadt Guadalupe allerdings waren seine Hände noch nicht klebrig genug. Der Junge lag im Bett und konnte nicht schlafen. Die Weihnachtsferien waren zu Ende. Es war der Abend vor dem ersten Schultag.

Der Junge hatte einen Fernseher in seinem Zimmer stehen. Auf seinem Lieblingssender liefen ganz ausgezeichnete Trickfilme. Der Junge wollte nicht wieder Tag für Tag früh aufstehen und sich auf den Schulweg machen müssen. Das unterrichtsfreie Leben hatte ihm sehr viel besser gefallen.

Es wurde später und später, und irgendwann hatte der Junge einen Einfall. Es gab eine Tube mit einem speziellen Klebstoff im Haus. Die Mutter verwendete ihn gelegentlich für Reparaturen. Der Klebstoff klebte sehr, sehr schnell und sehr, sehr fest. Der Junge stand noch einmal auf, schlich sich an den Schrank, in dem die Mutter die Tube verwahrte, und nahm sie mit in sein Zimmer. Er legte sich so aufs Bett, daß er einen guten Blick auf den Fernse-

her hatte, träufelte sich etwas Spezialkleber auf die rechte Hand und umfaßte mit ihr das metallene Bettgestell.

Achtundvierzig Stunden später sollte der Junge schon selbst im Fernsehen zu sehen sein. Reporter sollten ihm ihre Mikrophone hinhalten, Kameraleute sollten ihn bitten, sich noch einmal auf sein Bett zu legen und vorzuführen, wie er das genau gemacht hatte mit dem Kleber und der Hand und dem Bettgestell. Achtundvierzig Stunden später sollte ihn jeder Fernsehzuschauer in ganz Mexiko kennen. Und dennoch: Der Junge klebte sich in jener Nacht nicht deshalb an seinem Bett fest, weil er ins Fernsehen kommen wollte. Er wollte nur nicht zurück in die Schule.

Doch wie er nun also dalag, fest ans Bett geklebt und gut mit Trickfilmen versorgt, da befielen ihn trotzdem Zweifel. Eigentlich hätte er jetzt beruhigt einschlafen können. Aber irgendwie gelang es ihm nicht. Irgendwo war da ein Fehler in seinem Plan. Anderthalb Stunden grübelte der Junge noch allein vor sich hin. Es wurde Mitternacht. Dann endlich rief er laut um Hilfe.

Es dauerte weitere anderthalb Stunden, bis man seine Hand endlich wieder freibekam. Erst versuchte man es mit Wasser und Benzin und verschiedenen anderen Haushaltsmitteln. Erst versuchte es die Mutter, dann versuchten es die Nachbarn, dann versuchten es Helfer vom Roten Kreuz und Streifenbeamte der Polizei. Was aber zuletzt funktionierte, das war allein ein Spezialspray der Leute vom Katastrophenschutz.

Es war halb drei Uhr morgens, als sämtliche Helfer wieder verabschiedet waren und im Zimmer des Jungen endgültig Ruhe einkehrte. Und zwar völlige Ruhe. Selbst

der Fernseher wurde nun abgeschaltet. Der Junge mußte jetzt wirklich schlafen. Er konnte es jetzt endlich auch. Er konnte es nur nicht sehr lange.

Nach vier Stunden, um halb sieben Uhr früh, wurde er von der Mutter schon wieder geweckt. Sein Plan war gescheitert, seine Hoffnung zerstoben. Die Mutter zwang ihn, aufzustehen und sich anzuziehen und zu frühstücken, und schickte ihn, ganz so, als wäre nicht das geringste geschehen, genau auf den Weg, den er doch gerade nie mehr hatte gehen wollen: auf den Weg zur Schule.

Kinder geben nichts mehr auf den Weihnachtsmann

Die sogenannte *Santa's Grotto* oder auch *Christmas Grotto* ist eine Einrichtung, die man zur Weihnachtszeit überall in der englischsprachigen Welt findet. Man findet sie in Kaufhäusern und Einkaufszentren. Eine Abteilung wird als Höhle hergerichtet und soll eine Werkstatt darstellen. Der Weihnachtsmann selbst, so heißt es, arbeite in ihr und stelle in ihr das Spielzeug her, das er den Kindern zu Weihnachten bringt. Kinder, die noch an den Weihnachtsmann glauben, können die Werkstatt besuchen und ihn dabei auch persönlich kennenlernen.

Die *Santa's Grotto* hat eine lange Tradition. Die ersten Weihnachtsgrotten gab es in England schon Ende des 19. Jahrhunderts zu besichtigen. Bei der einfachen Werkstatt in der Höhle ist es aber nicht geblieben; die Idee wurde weiterentwickelt und hat eine Vielfalt von Formen hervorgebracht. Ein Jahrhundert später gibt es weiträumige, hochtechnisierte Märchenlandschaften ebenso wie kleine, persönliche Empfangsräume, in denen ein Kind kaum mehr tun kann, als sich mit dem Weihnachtsmann fotografieren zu lassen. Die Tradition lebt fort. Die Zahl derer allerdings, die sie pflegen, nimmt ab.

Man kann sich mit einem Weihnachtsmann auch eini-

gen Ärger einhandeln. Die Zahl der Kaufhäuser und Einkaufszentren mit Weihnachtsgrotten nimmt ab, weil Kaufhäuser und Einkaufszentren keinen solchen Ärger wollen. Weihnachtsmanndarsteller sind Zeitarbeiter. Sie werden von Agenturen vermittelt. Man kann kaum kontrollieren, was sie den Rest des Jahres über tun. Man hat im Jahr 2002 einmal eine Stichprobe durchgeführt und die Lebensläufe von eintausend Männern überprüft, die damals in amerikanischen Einkaufszentren als Weihnachtsmanndarsteller tätig waren. Das Ergebnis war nicht eben beruhigend. Jeder vierzehnte war vorbestraft.

Die Stelle als Weihnachtsmann aber ist eine Vertrauensstellung. Es gibt Dinge, die gehen nur ihn und seine Besu-

cher etwas an. Der Weihnachtsmann muß ein Kind nach seinem Betragen im vergangenen Jahr befragen, er muß es nach den Wünschen befragen, die es für Weihnachten hat, und er muß es für die Dauer der Befragung eigentlich auch zu sich auf den Schoß nehmen. Noch in den neunziger Jahren machten die Kaufhäuser sich deshalb eher Sorgen um ihre Weihnachtsmänner. Es gab Vorbereitungskurse, in denen unter anderem unterrichtet wurde, wie man sich ein Kind möglichst rückenschonend auf den Schoß hebt. Doch die Zeiten haben sich geändert. Das Vertrauen, das ein guter Weihnachtsmann braucht, wird ihm nicht mehr entgegengebracht. Heute sind es die Kinder, um die die Kaufhäuser sich Sorgen machen. In vielen Kaufhäusern ist es dem Weihnachtsmann heute verboten, Kinder auf den Schoß zu nehmen, und die Gespräche, die er mit ihnen führt, werden von Kameras überwacht.

Die Tradition der *Santa's Grotto* lebt weiter, aber ihre besten Zeiten hat sie hinter sich. Es ist kein gutes Zeichen, daß das Kaufhaus *Lewis's* in Liverpool 2010 für immer schließen mußte – ausgerechnet jenes Kaufhaus also, in dem mit einer *Magical Christmas Grotto* im Jahr 1879 einst alles angefangen hat. Die Kaufhäuser sterben, bei den Vermittlungsagenturen werden Jahr für Jahr weniger Weihnachtsmänner gebucht, und diejenigen, die noch gebucht werden, dürfen sich nicht den kleinsten Fehler mehr erlauben. Ein Weihnachtsmann in London ist entlassen worden, weil er einer – wohlgemerkt erwachsenen – Kundin lediglich im Scherz anbot, sich auf seinen Schoß zu setzen. Ein anderer wurde in Birmingham entlassen, weil er während der Arbeit einen Anruf auf seinem Handy entgegennahm, und ein dritter in Evesham sogar deshalb schon, weil er nur eine SMS schrieb. Und selbst im *Harrods*, Londons feinstem Kaufhaus überhaupt, soll es einmal einen Weihnachtsmann gegeben haben, der sich nach Dienstschluß mit nacktem Hintern fotografieren ließ und dafür natürlich ebenfalls, zusammen mit der Fotografin, sofort gefeuert wurde.

Die Orte der *Christmas-Grotto*-Tradition werden weniger. Wer seinem Kind die Freude machen will, den Weihnachtsmann persönlich kennenzulernen, der ist mehr und mehr auf die Nobelkaufhäuser angewiesen. Gerade das *Harrods* etwa ist für seine *Christmas Grotto* berühmt und wird sie ganz gewiß auch nicht aufgeben. Mitglieder des Königshauses sind hier schon mit ihren Kindern gewesen, und große Popstars ebenso. Die Eintrittskarten für die *Christmas Grotto* im *Harrods* sind so begehrt, daß dem Kaufhaus

unter der Last der Vorbestellungen sogar schon der Server abstürzte. Das *Harrods* beschäftigt bis zu sechs Weihnachtsmanndarsteller parallel, und ein einziges Erinnerungsfoto mit einem von ihnen kostet zehn britische Pfund.

Und trotzdem fragt man sich, wozu der ganze Aufwand eigentlich gut sein soll. Wie groß ist die Freude, die man einem Kind mit einem Besuch beim Weihnachtsmann macht, wirklich?

Ein Wirtschaftswissenschaftler in New York hat es untersucht. Über Jahre hinweg hat er Eltern und ihre Kinder bei solchen Besuchen beobachtet. Er hat sich die Gesichter angesehen, die Eltern und Kinder machten, während sie am Eingang einer Weihnachtsgrotte auf Einlaß warteten. Er hat die Gefühle, die sich in den Gesichtern spiegelten, mittels einer Skala erfaßt, die von »sehr unglücklich« bis zu »sehr glücklich« reichte. Und er hat tatsächlich auch jede Menge sehr glücklicher Gesichter verzeichnen können. Er hat sie freilich vor allem bei den Erwachsenen verzeichnen können. Fast neunzig Prozent von ihnen strahlten. Sie freuten sich auf die Begegnung mit dem Weihnachtsmann oder taten wenigstens so. Gleichfalls neunzig Prozent der Kinder strahlten dagegen nicht. Sie lächelten nicht einmal.

Einem Kind von heute, so schloß der Wissenschaftler, ist der Weihnachtsmann eigentlich recht egal. Es versteht die Aufregung seiner Eltern nicht. Der Weihnachtsmann hat nicht einmal eine eigene Fernsehshow. Und irgendwelche Geschenke bekommt man heutzutage ja ohnehin das ganze Jahr über. Die Eltern geben sich alle Mühe, das Kind für den Weihnachtsmann zu begeistern, aber trotz aller Mühe schaffen sie es nicht. Sie schaffen es nicht einmal

mit einem Besuch in der schönsten Weihnachtsgrotte der Stadt.

Der Wissenschaftler hat zur Kontrolle auch die Gesichter beobachtet, die Eltern und Kinder machen, wenn sie aus einer Weihnachtsgrotte wieder herauskommen. Er hat zwischen vorher und nachher keine großen Unterschiede erkennen können. Die Eltern gaben sich unverdrossen begeistert, die Kindern begriffen nach wie vor nicht, warum.

Riesenweihnachtsmann fängt Feuer

Ein fünfzehn Meter hoher Weihnachtsmann ist kein alltäglicher Anblick. Er ist es gleich gar nicht, wenn er überdies die Proportionen eines Teddybärs besitzt und auch noch so dasitzt wie einer: einfach nur auf dem Boden nämlich, stumm und starr, mit nach vorn gestreckten Armen und Beinen. Man wüßte einen solchen Weihnachtsmann zunächst einmal nicht unterzubringen. Man wüßte auf Anhieb keine Stadt, in der er gut ins Straßenbild paßte. Man kann mit Gewißheit aber schon einmal sagen: Ins Straßenbild des südbrasilianischen Badeorts Balneário Camboriú jedenfalls paßte er nicht.

Der Riesenweihnachtsmann stand bzw. saß nur einen Tag auf einem Platz im Zentrum der Stadt, und das war vielleicht auch gut so. Er war häßlich. Sein Blick war leer, sein Lächeln falsch, seine Haltung unnatürlich. Dabei war er eigentlich Teil eines großen Stadtverschönerungsprogramms.

Die Idee an sich war richtig. Die Stadt kann Verschönerung gebrauchen. Camboriú besteht im wesentlichen aus Betonburgen. Im Sommer wohnen in diesen Burgen zwar Hunderttausende von Urlaubern, doch es ist nicht der Beton, der sie anlockt. Es ist nicht die Stadt. Die Urlau-

ber kommen wegen der Strände. Im Dezember ist Hochsommer in Camboriú, und die Strände sind voll. Die Idee des Stadtverschönerungsprogramms war es, die Urlauber von den Stränden wegzulocken. Anstatt am Meer zu liegen, sollten sie in der Stadt Weihnachtseinkäufe machen. Der Riesenweihnachtsmann wurde vom Verband der Einzelhändler und von der Tourismusbehörde gestiftet, und wenn alles nach Plan gelaufen wäre, dann hätte er den Platz im Zentrum für volle zwei Monate behalten, von Mitte November bis Mitte Januar.

Die Idee war richtig, aber man hätte sie auch richtig umsetzen müssen. Der Weihnachtsmann war nicht nur ausgesprochen häßlich, er bestand auch noch aus ausgesprochen feuergefährlichem Material. Die große Feier zur Übergabe des häßlichen Riesen an die Öffentlichkeit war bereits das letzte, was nach Plan lief. Ein siebzigköpfiger Kinderchor sang Weihnachtslieder. Der Bürgermeister, der Vorsitzende des Einzelhändlerverbands und der Leiter der Tourismusbehörde hielten Ansprachen. Die Ansprachen handelten von Aufschwung und von Wachstum und von Arbeitsplätzen. Die Feier fand an einem Sonntag statt, und gleich am Montag ist der Riesenweihnachtsmann von Balneário Camboriú dann abgebrannt.

Es ist wohl der Funkenflug gewesen, der den Brand ausgelöst hat. Nicht nur, daß der Weihnachtsmann häßlich war und aus dem falschen Material – schlecht zusammengebaut war er obendrein. Gleich in der ersten Nacht hatte sein Kopf begonnen, sich zur Seite zu neigen. Das Metallgerüst in seinem Inneren war instabil, und bei dem Ver-

such, den Fehler zu beheben, haben Handwerker am nächsten Tag dummerweise Schweißgeräte eingesetzt.

Aber wie gesagt: Es war vielleicht sogar gut so. Das Stadtverschönerungsprogramm war, wenngleich die Festredner das nicht wahrhaben wollten, bereits bei der Eröffnungsfeier gescheitert. Es war ganz auf den Fünfzehnmeterweihnachtsmann zugeschnitten. Alles, was sich der Einzelhändlerverband und die Tourismusbehörde ansonsten noch für andere Straßen und Plätze hatte einfallen lassen, waren weitere Weihnachtsmannattraktionen: eine Weihnachtsmannwerkstatt, ein Weihnachtsmannwohnhaus, eine Weihnachtsmannarkade und ähnliches mehr. Doch ausgerechnet die Hauptattraktion, auf die alles zulief, funktionierte nicht. Der Weihnachtsmann sah eher aus wie ein Weihnachtsgodzilla.

Der Godzilla ist abgebrannt, und bezeichnenderweise wurde gar nicht erst erwogen, ihn wieder aufzubauen. Daß er Schaulustige angelockt hätte, war offensichtlich; daß er sie kaum in die richtige Stimmung für Weihnachtseinkäufe versetzt hätte, aber ebenso. Mit seinem Gewicht von über einer Tonne und seinem maskenhaften Lächeln hatte er eher etwas Bedrohliches. Der Funke, der ihn in Brand setzte, kam gerade noch zur rechten Zeit.

Und für wenigstens einen Moment war durch diesen Funken sogar das Motto erfüllt, das man dem Verschönerungsprogramm von Balneário Camboriú gegeben hatte: *Brilhos de Natal* – Funkelnde Weihnacht.

Weihnachtsbaumsurfer erleidet Verkehrsunfall

Man braucht einen Weihnachtsbaum und ein Seil und ein Auto. Den Baum bindet man mit dem Seil am Heck an, aber nicht zu kurz. Man braucht ein langes Seil. Der Baum soll schön hin- und herschwingen können. Man braucht freie Straßen und freie Fahrt. Und man braucht einen Idioten, der unbedingt wissen will, was für ein Gefühl das ist: auf einem Weihnachtsbaum zu sitzen, der von einem Auto über den Asphalt gezogen wird.

Der Spaß nennt sich *Christmas tree surfing*. Jugendliche in Kalifornien – männliche Jugendliche, versteht sich – haben ihn erfunden und unter ihresgleichen durch Internetvideos populär gemacht. Es war nur eine Frage der Zeit, bis der erste von ihnen im Krankenhaus landen würde. Es war nur eine Frage der Zeit, bis so etwas geschehen würde wie in der südkalifornischen Stadt San Clemente: Ein Wagen, der einen Weihnachtsbaumsurfer hinter sich herzog, bog zu schnell um eine Kurve.

Der Weihnachtsbaum schwenkte aus, und der Surfer prallte mit etwa 30 Stundenkilometern seitlich gegen ein parkendes Fahrzeug. Der Surfer überlebte den Aufprall, aber er war verletzt, und das ausgerechnet am Kopf. Ein

Notarztwagen brachte ihn ins Krankenhaus, und die Polizei befragte drei junge Männer, die bei dem Spaß mitgemacht hatten.

Viel herausgekommen ist bei der Befragung freilich nicht. Der Wagen stand zwar noch am Unfallort, doch keiner der drei jungen Männer wollte ihn gefahren haben. Ihrer Darstellung zufolge waren sie insgesamt zu fünft gewesen: vier Freunde und eine ihnen unbekannte fünfte Person. Die fünfte Person habe den Wagen gesteuert. Zwei der Freunde hätten im Wagen gesessen, aber nur auf den Beifahrersitzen, und die beiden anderen im Schlepptau des Wagens auf Weihnachtsbäumen. Am Heck des Wagens hingen an getrennten Seilen nämlich gleich zwei Bäume. Die jungen Männer hatten den Spaß noch steigern wollen – vom einfachen Weihnachtsbaumsurfen sozusagen zum Weihnachtsbaumsynchronsurfen.

Bei der fünften Person am Steuer aber habe es sich um eine geheimnisvolle junge Frau gehandelt. Angeblich wußten die jungen Männer nichts über sie. Angeblich hatten sie sie erst an diesem Abend kennengelernt und spontan gleich ans Steuer gelassen. Und angeblich hatte die junge Frau sich sofort nach dem Unfall zu Fuß auf die Flucht gemacht.

Die drei Freunde des verunglückten Weihnachtsbaumsurfers waren äußerlich unverletzt, doch untersucht gehört hätten sie vielleicht trotzdem, und sei es nur auf ihre Zurechnungsfähigkeit. Die Polizei indes entschied sich dagegen. Sie nahm die Angaben der drei Freunde ungerührt zu Protokoll und tat zumindest so, als ginge sie dem Hinweis auf die geheimnisvolle Unbekannte nach.

Die drei Freunde konnten unbehelligt nach Hause ge-

hen, und der verletzte vierte Freund gab gleich vom Krankenbett aus die Erklärung ab, daß er eine solche Dummheit nie mehr begehen wolle – jedenfalls nicht im Straßenverkehr. Weihnachtsbaumsurfen allerdings in der freien Natur, in offenem Gelände: Das könne er sich auch weiterhin gut vorstellen.

Man wird abwarten müssen, wie die nachweihnachtlichen Unfallstatistiken für Kalifornien sich in den nächsten Jahren entwickeln. Wird Weihnachtsbaumsurfen wieder aus der Mode kommen, oder wird es den Durchbruch schaffen? Was heute noch wie Schwachsinn erscheint, ist morgen womöglich schon olympische Disziplin.

Sternsinger
unter Beschuß

Weihnachtskatastrophen

aus

Asien

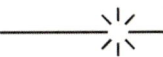
Bäcker schießt auf Sternsinger

Was bringt einen Bäcker dazu, auf Kinder zu schießen, die in seinem Laden Weihnachtslieder singen?

Die Philippinen sind eines der katholischsten Länder der Welt. Grundsätzlich wird es dort sogar sehr gern gesehen, wenn Kinder Weihnachtslieder singen. Die Philippinen sind so katholisch, daß sie Weihnachten nicht weniger als neun Tage lang feiern, mit Heiligen Messen, die vom 16. bis zum 24. Dezember täglich ab vier Uhr morgens abgehalten werden. Auf dem Land ist es dann üblich, daß Kinder vor dem Beginn der Messe singend durchs Dorf ziehen, um die Bewohner zu wecken und sie zum Gottesdienst zu rufen. Doch die Schüsse auf die Kinder im Bäckerladen fielen nicht auf dem Land und auch nicht am Morgen. Sie fielen in der Großstadt, in Calamba City, und sie fielen abends um viertel nach acht. Sie wurden noch nicht einmal an einem der neun Tage vor Weihnachten abgegeben, sondern an einem 26. Dezember.

Singende Kinder- und Jugendgruppen sind auf den Philippinen zu einem Ärgernis geworden. Das Ärgernis besteht darin, daß man den Gruppen bereits ab November begegnet, und das den ganzen Tag über. Sie singen in Geschäften und in Ämtern und in Schalterhallen. Sie singen in öffent-

lichen Verkehrsmitteln. Sie singen draußen auf dem Geh-
steig. Sie singen mitten auf der Straße. Sie warten, bis eine
Ampel auf Rot schaltet, und schlängeln sich singend zwischen den stehenden Fahrzeugen hindurch. Aber sie tun es
nicht zur höheren Ehre Gottes, sondern für sich selbst. Sie
wollen für ihren Gesang Geld haben. Wenn man Glück hat,
belassen sie es beim Betteln, wenn man Pech hat, bestehlen
oder berauben sie einen auch.

Viele Kinder sind arm. Sie singen, weil sie Hunger ha-
ben. Viele Kinder allerdings sind auch gar keine mehr. Sie
sind schon mehr oder weniger erwachsen, und sie sind ge-
waltbereit, und sie tragen Waffen. Der Übergang zwischen
Bettelei und Straßenraub ist fließend. Eine philippinische
Stadt nach der anderen hat in den vergangenen Jahren

Sonderverordnungen gegen das Singen von
Weihnachtsliedern erlassen. Spezialeinheiten der Polizei greifen singende Kinder und
Jugendliche auf und nehmen sie in Gewahr-
sam. Sofern die Sänger tatsächlich noch min-
derjährig sind, werden sie dem Jugendamt
übergeben, Erwachsene kommen in Untersuchungshaft.

Die Sänger, die am Abend des 26. Dezember 2009 den
Laden des Bäckers in Calamba City betraten, waren den
Spezialeinheiten der Polizei ganz offensichtlich entgan-
gen. Sie waren noch halbwüchsig, aber sie waren zu viert.
Der Bäcker war allein. Die Sänger sangen nicht nur Weihnachtslieder, sie stahlen gleichzeitig Brot. Mit Sicherheit
waren sie nicht die ersten, die das in dieser Weihnachtssai-
son taten. Es war von dem Bäcker nicht eben christlich, auf
die Sängerbande zu schießen, doch er war mit seiner Ge-

duld am Ende. Zum Glück traf er keinen der Sänger tödlich.

Die angeschossenen Sänger kamen ins Krankenhaus, der Schütze ergriff die Flucht. Die Polizei von Calamba City schrieb ihn zur Fahndung aus. Ein Diebstahl gibt dem Bestohlenen noch lange nicht das Recht, auf die Täter zu schießen, selbst dann nicht, wenn die Täter Weihnachtslieder singen. Der Bäcker floh, weil er wußte, daß ihn eine harte Strafe erwartete. Und so katholisch die Menschen auf den Philippinen auch sind: Es dürfte trotzdem nicht wenige gegeben haben, die ihm heimlich die Daumen drückten.

Weihnachtsmaus des Mißbrauchs verdächtigt

Wieso soll ein Stofftier eine rote Zipfelmütze tragen? Weshalb soll eine kleine Stoffmaus es tun? Und warum soll sie, wenn man ihr auf den Bauch drückt, überdies noch »Jingle Bells« singen? – In der Handelsstadt Yiwu hat man längst aufgehört, sich solche Fragen zu stellen. Der Großmarkt von Yiwu ist der weltgrößte Umschlagplatz für Weihnachtszubehör aller Art. In Yiwu wundert man sich über gar nichts mehr.

Yiwu liegt natürlich in China, genauer gesagt: in der Provinz Zhejiang im Südosten. Aus Zhejiang und aus der weiter im Süden gelegenen Provinz Guangdong kommen 80 Prozent aller Weihnachtswaren dieser Welt. Der Großmarkt von Yiwu hat eine Fläche von vier Quadratkilometern und zählt über 60000 Verkaufsstände. Es ist nichts Ungewöhnliches, daß ein Kunde aus Europa oder den USA an einem dieser Stände auf einen Schlag 100000 Christbaumkugeln bestellt – oder Weihnachtssterne oder Nußknacker oder eben Stoffmäuse mit roter Zipfelmütze, die auf Knopfdruck »Jingle Bells« singen.

In Yiwu wundert man sich über gar nichts mehr; man sieht nur zu, daß man den Auftrag so schnell und so kostengünstig wie möglich erledigt kriegt. Man engagiert für

die Mäusestimme keinen Profisänger aus dem Westen, sondern läßt jemanden aus dem eigenen Betrieb singen. Der Mitarbeiter braucht weder eine besonders gute Stimme zu haben noch besonders gut Englisch zu können. Technisch verzerren muß man seinen Gesang ja ohnehin noch. Der Kunde wünscht sich für die Mäusestimme vor allem einen quäkenden, kindgerechten Klang. An einem chinesischen Akzent stört er sich nicht weiter.

Er stört sich so lange nicht, solange wiederum seine Kunden es nicht tun. Zwei Jahre lang verkaufte ein englischer Großhändler in seiner Heimat die singenden Stoffweihnachtsmäuse aus China, und zwei Jahre lang gab es keinerlei Beschwerden darüber, daß das Gequäke der Mäuse nur recht undeutlich nach »Jingle Bells« klang. Bei einem Preis von umgerechnet nur drei Euro konnte man sich auch schlecht darüber beschweren. Aber im dritten Jahr, im November 2009, tat eine Mutter aus Dorset es eben doch.

Die Mutter beschwerte sich, weil die Maus ihres Erachtens etwas ganz anderes sang. Die Melodie war zwar die von »Jingle Bells«, der Text jedoch war es nicht. Die Mutter war ehrlich entsetzt über das, was sie als Text zu verstehen glaubte. Der Großhändler war taktvoll genug, die Weihnachtsmaus umgehend aus dem Handel zu nehmen.

Der Großhändler war taktvoll, doch die Rückrufaktion wäre gar nicht nötig gewesen. Das Entsetzen der Mutter war unbegründet. Sie hatte sich in etwas hineingesteigert. Der Großhändler ließ den Mäusegesang eigens noch einmal verlangsamt und unverzerrt abspielen, in der Geschwindigkeit, in der er ursprünglich auch aufgenommen worden war. Und was man hörte, war eine Männer-

stimme, die, wenngleich mit chinesischem Akzent, so doch ganz eindeutig die Wörter »Jingle bells« sang und sonst nichts. Was dagegen die Mutter zu hören geglaubt hatte, das mußte man schon hören wollen. Sie hatte beim Refrain nicht »Jingle bells, jingle bells« verstanden, sondern, abwegigerweise: »paedophile, paedophile«.

Der Großhändler war taktvoll, zwei Radiomoderatoren der BBC waren es nicht. Die Meldung von der Rückrufaktion machte die Runde, und irgendwie kam sie auf  die Themenliste von *Today*. An sich ist *Today* ein seriöses Nachrichtenmagazin. Auf singende Weihnachtsmäuse, die versteckt zur Pädophilie aufrufen, ist man als Moderator von *Today* nicht vorbereitet. Die Moderatoren bemühten sich zwar, die Geschichte trotzdem seriös zu präsentieren, doch der Lachreiz war übermächtig. Sie prusteten los, wie BBC-Moderatoren es mitten in einer Sendung nur sehr, sehr selten einmal tun.

Die Moderatoren hatten ihre Freude, die Firma in Yiwu hatte den Schaden. Den Großhändler aus England hat sie als Kunden verloren, und den Grund dafür weiß die Firmenleitung wahrscheinlich bis heute nicht. Selbst wenn die Geschichte von der entrüsteten Mutter aus Dorset sich bis nach Yiwu herumgesprochen haben sollte, so ist sie doch für einen einfachen Unternehmer in China unmöglich zu verstehen. Nicht einmal die Moderatoren in England konnten sie ja fassen. Man kann nur hoffen, daß die Firmenleitung das Gelächter der Moderatoren nicht auf sich bezog.

Und man kann nur hoffen, daß sie am Ende nicht gar

noch den Mitarbeiter verantwortlich machte, der der Maus seine Stimme geliehen hat. Der Mitarbeiter hat sich nicht das geringste zuschulden kommen lassen. Er hat einfach nur, so gut er eben konnte, das Lied »Jingle Bells« gesungen. Daß es im Englischen ein Wort wie »paedophile« gibt, wußte er vermutlich nicht einmal.

Die Stoffmaus mit der roten Zipfelmütze ist nicht seine Idee gewesen. Der Mitarbeiter ist nichts weiter als ein einfacher Chinese, der sich seine Arbeit nun einmal nicht aussuchen kann. Singende Weihnachtsmäuse sind eben das, was man in Yiwu produziert, und wenn es keine singenden Weihnachtsmäuse sind, dann sind es Weihnachtsgartenzwerge oder Weihnachtsduschvorhänge oder Weihnachtsduschhauben in Zipfelmützenform. Hunderttausende von Menschen in und um Yiwu verdienen sich mit der Herstellung von Weihnachtszubehör ihren Lebensunterhalt. Es bleibt ihnen nichts anderes übrig.

Nicht der »Jingle Bells«-Sänger in Yiwu ist pervers, sondern die Situation, in der er lebt.

Wie sicher sind Rußlands Weihnachtsbäume?

Wie sicher sind Rußlands Weihnachtsbäume? Bilder aus Moskau gingen im Januar 2010 um die Welt. Man sah, wie ganze Hundertschaften von Polizisten den Weihnachtsbaum auf dem Platz des Triumphs schon abriegelten, als eine kleine und vollkommen friedliche Kundgebung von Regierungsgegnern sich ihm nur näherte.

Die Bilder aus Archangelsk oder Wladiwostok aber gingen nicht um die Welt. Man sah im Rest der Welt leider nicht, wie ein Umweltaktivist den Wipfel des Weihnachtsbaums von Archangelsk stundenlang besetzt hielt oder wie der Weihnachtsbaum von Wladiwostok bereits an seinem zweiten Tag ganz einfach umkippte. In Wahrheit sind Rußlands Weihnachtsbäume weit weniger sicher, als die Bilder aus Moskau es uns glauben machen wollen.

Und dabei sind die Bäume sowieso schon aus Metall. Es ist in Rußland üblich, auf öffentlichen Plätzen keine echten Tannen oder Fichten, sondern Metallkegel aufzustellen, die dann lediglich wie echte Tannen oder Fichten geschmückt werden. Der stählerne Baum von Wladiwostok war 30 Meter hoch und 15 Tonnen schwer. Man fragt sich, wie es möglich gewesen sein soll, daß eine Bö ihn so einfach umstoßen konnte. Doch es war offenbar möglich, ge-

nauso, wie es ja möglich war, daß der Umweltaktivist von Archangelsk mitten im Stadtzentrum bis in die Spitze eines 25 Meter hohen Weihnachtsbaums kletterte, ohne daß irgendwer ihn bemerkte.

Es wären Bilder gewesen, die ein anderes Rußland gezeigt hätten. Bilder von den Trümmern eines riesigen, 240 000 Euro teuren Metallweihnachtsbaums. Bilder von Polizisten, die diese Trümmer bewachen, damit sie nicht geplündert werden. Bilder von einem weiteren, zwar noch intakten Weihnachtsbaum, in dessen Spitze aber ein Demonstrant mit einem Megaphon sitzt und Ansprachen an die Menschen unten auf dem Platz hält. Und Bilder von einer festlich gekleideten Besuchergruppe unten auf dem Platz, die sich ihren Empfang bestimmt anders vorgestellt hat. Denn eigentlich sollte genau in dem Moment, als oben im Baum der Umweltaktivist zum Mikrophon griff, unten auf dem Platz eine offizielle Willkommensfeier beginnen: eine Feier für niemand Geringeren als den Weihnachtsmann – oder Väterchen Frost, wie man ihn in Rußland nennt – und einige seiner Elfen höchstselbst.

Es steht nicht gut um die Sicherheit von Rußlands Weihnachtsbäumen. Zu guter Letzt ist es zwar doch noch gelungen, den Weihnachtsbaumbesetzer von Archangelsk zum Aufgeben zu bewegen, aber geglaubt hätte man es bald nicht mehr. Erst ließ der Aktivist sich nicht auf Verhandlungen ein, die ihm der städtische Feuerwehrchef anbot, und zwar von der Spitze einer Feuerwehrleiter aus, die man mittlerweile an den Baum herangefahren hatte. Dann drohte er sogar damit, sich in die Tiefe zu stürzen. Dann wiederum wollte er eines der Stromkabel zerbeißen, so daß

man auch noch die Beleuchtung des Weihnachtsbaums abstellen mußte. Wer weiß, was ihm noch alles eingefallen wäre, wenn nicht irgendwann der Gouverneur persönlich unten am Weihnachtsbaum gestanden und den Aktivisten zum Herunterkommen aufgefordert hätte.

Der Aktivist ließ sich die Aufforderung durch den Kopf gehen und kam tatsächlich herabgeklettert. Der Gouverneur zog sich mit ihm, so, wie er es versprochen hatte, zu einer Aussprache unter vier Augen zurück. Die Baumbeleuchtung wurde wieder angeschaltet, und die Willkommensfeier konnte endlich beginnen. Unter einem allzu guten Stern stand sie nach allem, was vorgefallen war, freilich nicht mehr. Der Weihnachtsmann und seine Elfen werden sich ihren Teil gedacht haben.

Und doch hatten sie in gewisser Weise geradezu noch Glück gehabt. Nur wenige Tage später sollte es in Moskau zu der eingangs erwähnten Kundgebung am Weihnachtsbaum auf dem Platz des Triumphs kommen. Auch an dieser Kundgebung haben ein Weihnachtsmann und einige Elfen teilgenommen. Und die wurden ganz ohne jedes Feingefühl einfach verhaftet.

Demre

Weihnachtsmann entfacht Denkmalstreit

Der Weihnachtsmann ist heute eine lustige dicke Märchenfigur, das Zentrum von Demre eine triste Ansammlung
von Andenkenläden. Aber das waren sie nicht immer. Der
Weihnachtsmann war einmal ein wahrhaftiger Bischof,
und Demre war einmal das antike Myra: eine Stadt im ost-
römischen Lykien, in welcher der Bischof seinen Sitz hatte.

Der Name des Bischofs war natürlich Nikolaus. Es ist
sechzehneinhalb Jahrhunderte her, daß Nikolaus von Myra
gestorben ist, und sechzehn, daß man über seinem Grab
dort eine Kirche gebaut hat. Es sollte nur die erste von vielen sein, die man ihm zu Ehren errichtete. Bevor Nikolaus
zum Weihnachtsmann wurde, wurde er erst einmal zum
Heiligen. Er wurde zu einem der bedeutendsten christlichen Heiligen überhaupt, in Rußland sogar zum nationa-
len Schutzheiligen.

Doch er wurde auch noch zu etwas anderem. Aus den
Legenden und Bräuchen um den heiligen Nikolaus hat
sich im 19. und 20. Jahrhundert außerdem die lustige dicke
Märchenfigur entwickelt. Aus der Bischofsmütze wurde
eine rote Zipfelmütze, aus dem Bischofsmantel ein roter
Strampelanzug. Aus Sankt Nikolaus wurde Santa Claus.
Und Santa Claus hat sich verselbständigt: Man kennt ihn

heute selbst in Ländern und Kulturen, in denen man vom eigentlichen heiligen Nikolaus nie etwas gehört hat.

Der eigentliche Nikolaus von Myra dreht sich vermutlich im Grab um. Beleuchtete Plastikweihnachtsmänner als Tischdekoration in japanischen Schnellrestaurants dürften kaum die Form von Nachruhm sein, die er sich zu Lebzeiten vorgestellt hat. Der dicke rote Mann mit Zipfelmütze ist keiner, mit dem er sich identifizieren kann. Der dicke rote Mann fährt zum Beispiel einen Rentierschlitten, aber es gab keine Schlitten im antiken Myra. Es gab und gibt keine Rentiere, und es gab und gibt keinen Schnee. Myra liegt nicht am Nordpol, sondern am Mittelmeer. Der richtige Nikolaus von Myra hat allen Grund, sich im Grab umzudrehen. Und er kann nur von Glück sagen, daß dieses Grab sich wenigstens nicht mehr in Myra befindet.

Es hat sich viel getan in den vergangenen sechzehnhun-dert Jahren. Das Grab in der Grabeskirche von Myra ist seit über neunhundert Jahren leer; die Gebeine des heiligen Nikolaus liegen seit ebenso langer Zeit in einer eigens für ihn errichteten Kirche im italienischen Bari. Das römische Reich ist untergegangen, Lykien gehört seit achthundert Jahren zur Türkei, und Myra heißt jetzt Demre. Die Gebeine des heiligen Nikolaus sind deshalb nach Bari gelangt, weil italienische Abenteurer sie geraubt und dorthin verfrachtet haben; finanziert hat das Abenteuer damals die Stadt Bari selbst, und zwar nicht aus religiösen, sondern aus geschäftlichen Motiven. Gebeine bringen Pilger, und Pilger bringen Geld.

Der Raub der Gebeine des heiligen Nikolaus war einer-

seits vorausschauend: In Demre wären sie heutzutage ohnehin fehl am Platz. Die christliche Bevölkerung ist irgendwann vertrieben worden, die Grabeskirche wurde in ein Museum umgewandelt, und christliche Gottesdienste dürfen nur mit Sondergenehmigung abgehalten werden. Andererseits war es dennoch ein Raub. Es ging den Räubern allein ums Geschäft. Das Geschäft, das die Stadt Bari seit neunhundert Jahren mit dem heiligen Nikolaus macht, ist ausgezeichnet. Und für Demre ist sowohl das eine wie das andere ärgerlich: sowohl, daß nun Bari von dieser hervorragenden Geldquelle profitiert, als auch, daß Demre selbst dies gar nicht könnte – nicht einmal dann, wenn man die Gebeine noch hätte. Denn Gebeine bringen nur dann Pilger, wenn man die Pilger auch beten läßt. Demre müßte sich Gottesdienste und Prozessionen und Feiertage ohne Ende gefallen lassen. Demre müßte weitaus mehr Sondergenehmigungen erteilen, als es vor sich und vor der restlichen Türkei je rechtfertigen könnte.

Demre will nicht wieder christlich werden. Demre ist gleichwohl aber der Ort, an dem der heilige Nikolaus von Myra nun einmal gelebt hat. Die Stadt wäre dumm, wenn sie nicht versuchen würde, diese Tatsache zu vermarkten, doch ebensowenig wie eine Vermarktung als christlicher Wallfahrtsort kommt eine Vermarktung als Stadt am Nordpol in Frage. Was Schnee und Schlitten und Rentiere angeht, kann Demre wiederum ja mit Rovaniemi nicht mithalten: jener finnischen Stadt am Polarkreis, die sich bereits vor dreißig Jahren zum offiziellen Wohnsitz des Weihnachtsmanns erklärt hat und den über 400 000 Touristen, die sie im Jahr besuchen, inzwischen einen eigenen

Weihnachtsmannflughafen, ein eigenes Weihnachtsmanndorf und gleich zwei Weihnachtsmannvergnügungsparks anbieten kann. Was Demre bräuchte, wäre ein Nikolausbild, mit dem man sich auch als türkische Stadt am Mittelmeer identifizieren kann – nicht das Bild vom christlichen Heiligen und auch nicht das vom lustigen dicken Nordpolbewohner, sondern eben ein drittes.

Eine Zeitlang hat Demre es in seiner Not mit einem Zwischending versucht: mit einem Weihnachtsmann ohne Schnee und Rentiere und Schlitten. Anders als der heilige Nikolaus ist der Weihnachtsmann zumindest kein Fremder in der Türkei. Im Gegenteil: Er ist unter dem Namen Noel Baba längst auch ins türkische Brauchtum eingegangen. Als Tag, an dem er die Geschenke bringt, hat sich der unverfängliche 31. Dezember gefunden. Kaum jemand in der Türkei bringt den Weihnachtsmann noch mit einem christlichen Fest in Verbindung. Eine Zeitlang hat Demre gehofft, sich als eine Art Weihnachtsmannstadt unter Palmen verkaufen zu können. Doch weit gediehen ist das Konzept nicht. Die Touristen sind von Anfang an nicht darauf angesprungen. Es hat sich alles ganz anders entwickelt, als die Stadt Demre und die nationale Weihnachtsmannstiftung im nahegelegenen Antalya und das Ministerium für Tourismus und Kultur in Ankara sich das vorgestellt haben. Inzwischen kommen die Touristen zwar endlich, aber sie tun es aus den falschen Gründen.

Vor allem die russischen Touristen sind den Verantwortlichen nicht geheuer. Die Russen kommen in Scharen, doch sie kommen aus Verehrung für ihren Schutzheiligen. Sie bringen Geld, doch sie geben es nicht für beleuchtete

Plastikweihnachtsmänner aus, sondern für Ikonen und andere religiöse Andenken. Die Andenkenläden am Platz vor der Grabeskirche sind allesamt auch russisch beschildert, und einige Jahre lang stand auf dem Platz sogar ein russisches Nikolausdenkmal. Der Bürgermeister von Moskau persönlich hatte es den Bürgern von Demre im Jahr 2000 geschenkt, und wohl oder übel mußte der Bürgermeister von Demre das Geschenk annehmen. Das Denkmal stellte den heiligen Nikolaus von Myra ganz nach der russischen Tradition dar, mit einem Heiligenschein ums Haupt und einer Bibel in der Hand. Immer wieder sah man russische Touristen vor ihm sogar niederknien und beten. Es war eine der ersten Taten des neuen Bürgermeisters von Demre, das russische Denkmal im Februar 2005 abbauen und durch ein neues ersetzen zu lassen. Demre will nicht wieder christlich werden, doch solange sich kein schlüssiges anderes Konzept findet, bleibt die Gefahr bestehen.

Die Entrüstung in Rußland war groß. Sie war es erst recht, weil der neue Bürgermeister überdies zu denjenigen gehörte, die noch an das Konzept von der Weihnachtsmannstadt unter Palmen glaubten. Das Denkmal, das er anstelle des russischen Heiligen aus Bronze aufstellen ließ, war ein Weihnachtsmann aus Plastik, wie man ihn sich billiger und gewöhnlicher und unheiliger gar nicht denken kann. Der Bürgermeister von Moskau schickte eine Protestnote an den Präsidenten der Türkei, der russische Botschafter in Ankara protestierte beim türkischen Minister für Tourismus und Kultur. Der heilige Nikolaus von Myra drehte sich in seinem Exilgrab in Bari vermutlich besonders heftig um. Das türkische Außenministerium fürch-

tete um die türkisch-russischen Beziehungen und bat den Bürgermeister von Demre, den Austausch rückgängig zu machen. Doch der Bürgermeister war nicht allein. Er hatte Verbündete bei der Weihnachtsmannstiftung in Antalya und vor allem auch im Ministerium für Tourismus und Kultur. Der billige Weihnachtsmann blieb stehen. Er blieb fast vier Jahre stehen. Erst ein Wechsel an der Spitze des Ministeriums führte am Ende doch noch dazu, daß er heute nicht mehr steht.

Das Konzept von der Weihnachtsmannstadt funktionierte nicht, aber erst der neue Minister besaß den Mut, das auch auszusprechen. Der Weihnachtsmann paßt nicht nach Demre. Er ist gekleidet für ein Wetter, das es in Demre nicht gibt. Was Demre braucht, ist  ein Nikolausbild, mit dem die Menschen von Demre sich identifizieren können. Kein Mensch in Demre trägt oder trug im wirklichen Leben je einen dicken roten Strampelanzug und eine fellbesetzte Zipfelmütze.

Der neue Minister beauftragte einen türkischen Künstler, ein neues, glaubhafteres Nikolausdenkmal zu schaffen. Der Bürgermeister war brüskiert, die Weihnachtsmannstiftung in Antalya war es noch viel mehr, doch der Minister in Ankara setzte sich durch. Seit Weihnachten 2008 steht auf dem Platz vor der Grabeskirche das mittlerweile dritte Denkmal, und wenn der Minister und der Künstler recht haben, dann zeigt es den heiligen Nikolaus von Myra erstmals so, wie er wirklich war. Der neue, wirkliche Nikolaus trägt sommerliche und türkische Tracht. Sein Bart ist kurz und gepflegt, seinen Kopf bedeckt ein türkischer Fez. Das neue Konzept besteht darin, die türkischen Seiten des Nikolaus von Myra herauszuarbeiten. Der neue Nikolaus ist männlich, ernst und stolz. Auf der linken Schulter trägt er einen fröhlichen Knaben, an der rechten Hand hält er ein fröhliches Mädchen. Die Gruppe steht auf einem Floß, das Floß steht auf einem Sockel, und der Sockel ist nicht etwa mit Rentieren, sondern mit Seepferdchen verziert. Ob das neue Konzept besser funktionieren wird als das vorige, bleibt freilich abzuwarten.

Sechzehneinhalb Jahrhunderte nach dem Tod des Nikolaus von Myra ist die Verwirrung in Demre größer denn je. Die Andenkenläden rund um die Grabeskirche verkaufen Heiligenbilder, die Grabeskirche wiederum ist ausgeschildert als »Noel Baba Müzesi«, als Weihnachtsmannmuseum, und das Denkmal schließlich, das vor der Kirche bzw. dem Weihnachtsmannmuseum steht, stellt einen Türken wie aus dem Bilderbuch dar. Der richtige Nikolaus von Myra kann wahrlich von Glück sagen, daß seine Gebeine nicht mehr in Demre ruhen, sondern in der Basilika San Nicola in Bari. Und er kann nur hoffen, daß niemand in Bari den türkischen Minister für Tourismus und Kultur ernst nimmt, der neuerdings gar noch die Rückführung der Gebeine fordert. Der richtige, historische Nikolaus von Myra war, sowenig man auch über ihn weiß, gerade eines ja mit Sicherheit nicht: ein Türke. Zu seiner Zeit lebten die Türken noch tief in Mittelasien, und nach Anatolien sind sie erst viele Jahrhunderte später gekommen.

Der richtige Nikolaus von Myra war Grieche. Genausowenig, wie er im richtigen Leben einen Heiligenschein

oder eine fellbesetzte rote Zipfelmütze getragen haben kann, kann seine Kopfbedeckung ein türkischer Fez gewesen sein. Es ist sehr unwahrscheinlich, daß das neue Konzept besser funktionieren wird als das alte, und tief in seinem Inneren weiß der türkische Minister das auch selbst. Er wird die Gebeine des Nikolaus von Myra nie bekommen. Er wird sie gleich nie und nimmer für den Verwendungszweck bekommen, der ihm vorschwebt. Der Minister hat erklärt, daß er die Reliquien gern in einem neuen Museum für Geschichte ausstellen würde.

Die Lage in Demre ist hoffnungslos. Es will und will nicht gelingen, aus dem weltberühmten Nikolaus von Myra einen auch nur irgendwie glaubhaften Nikolaus von Demre zu machen. Die Gebeine in Bari sind ganz hervorragend gegen Diebstahl gesichert, auf türkischer Seite kann man sich über das weitere Vorgehen immer weniger einigen, und die Touristen aus Rußland tun ohnehin, was sie wollen. So wie es aussieht, wird der heilige Nikolaus niemals Türke werden. So wie es aussieht, muß er sich über seine Zukunft zumindest in dieser einen Hinsicht keine Sorgen machen: In einem türkischen Geschichts- oder gar Weihnachtsmannmuseum werden seine Gebeine ganz bestimmt nie ausgestellt werden, nicht einmal als Leihgabe. Die Absage aus Bari kam postwendend über Radio Vatikan, und sie ließ an Deutlichkeit nichts zu wünschen übrig. Daß man den heiligen Nikolaus eines fernen Tages in eine Kathedrale in Rußland oder Griechenland umbettet, ist irgendwie ja noch vorstellbar, daß man ihn in eine türkische Museumsvitrine abschiebt, nicht.

Alles wäre besser als das. Selbst Rovaniemi, die finnische

Weihnachtsmannhauptstadt am Polarkreis, wäre im Vergleich zu Demre das kleinere Übel. In Rovaniemi wäre es zumindest kein Problem, für die Gebeine eine eigene Kirche zu bauen. Um so gewöhnungsbedürftiger für den heiligen Nikolaus wäre allerdings der Name dieser Kirche. Denn es bliebe ja kaum ein anderer übrig als: »Kirche zum heiligen Weihnachtsmann«.

Mönche liefern sich Massenschlägerei

Gut eine Million Touristen besuchen im Jahr den Geburtsort von Jesus von Nazareth, und kaum einer versäumt es, sich die sogenannte Geburtskirche anzusehen: jene Kirche also, die genau über der Stelle erbaut sein soll, an welcher Jesus einst zur Welt gekommen ist. Ein vierzehnzackiger silberner Stern im Fußboden markiert die Stelle seit dreihundert Jahren sogar ganz genau. Es ist eine sehr alte Kirche, in der seit sehr langer Zeit ganz eigentümliche Besitzverhältnisse herrschen. Normalerweise können die verschiedenen Besitzer mit diesen Verhältnissen leben, an manchen Tagen allerdings können sie es nicht.

Der 29. Dezember 2009 war ein solcher Tag. Eine Pilgergruppe aus Nigeria stand vor der Kirche und kam nicht hinein. Das Tor war verschlossen. Es war noch früh am Nachmittag, und auch der palästinensische Reiseführer hatte keine Erklärung. Aus dem Innern der Kirche drangen Stimmen, die Pilger klopften und riefen, aber eine Antwort erhielten sie nicht. Die Stimmen von drinnen klangen erregt. Menschen stritten sich, und sie stritten sich laut.

Die Pilger wurden unruhig, und als dann plötzlich auch noch die Polizei eintraf, wurden sie es erst recht. Andererseits sind Nigerianer Unruhen gewohnt. Als die Polizei sich Zutritt ins Innere verschaffte, folgten einige der Pilger ihr, ohne zu zögern. Und das Bild, das sich ihnen dann bieten sollte, hätte unweihnachtlicher nicht sein können: Zwei Menschenketten standen sich inmitten der Kirche drohend gegenüber. Beide Parteien waren mit Mönchskutten bekleidet und mit Besen, Kehrschaufeln und anderem Putzgerät bewaffnet. Die Polizei versuchte noch, sich zwischen die beiden Ketten zu drängen, doch es war bereits zu spät. Die Mönche gingen aufeinander los.

Nigerianer sind Unruhen gewohnt, aber von dieser Situation fühlten die Pilger sich trotzdem überfordert. Sie traten den Rückzug an und ließen sich von ihrem Reiseführer in Sicherheit bringen. Und so peinlich die Sache dem Reiseführer auch war – es blieb ihm nichts anderes mehr übrig: Er mußte jetzt endlich mit der Wahrheit herausrücken.

Die Mönche, die die Pilger gesehen hatten, gehörten zwei verschiedenen Glaubensrichtungen an – der armenisch-apostolischen und der griechisch-orthodoxen. Die eine wie die andere besitzt in der Geburtskirche ihre eigenen Bezirke. Es gibt Altäre, an denen die armenisch-apostolische, und es gibt Altäre, an denen die griechisch-orthodoxe Geistlichkeit das Sagen hat. Der Grenzverlauf zwischen den Revieren ist allen gut bekannt; er wurde schon festgelegt zu Zeiten, als noch die osmanischen Sultane über Bethlehem und Palästina herrschten. Und doch gibt es von beiden Seiten immer wieder Versuche, ihn stillschweigend zu verändern.

Die Pilger hatten das Pech gehabt, die Geburtskirche ausgerechnet an dem Tag besuchen zu wollen, an dem ein

Großreinemachen angesetzt war. Der Tag des Großreinemachens, so erklärte der Reiseführer, sei leider sehr oft auch ein Tag, an dem es zu Handgreiflichkeiten komme. Nach altem osmanischem Recht erhebt derjenige, der eine Sache putzt, zugleich einen Besitzanspruch auf sie. Ein armenisch-apostolischer Mönch darf mit seinem Besen deshalb nicht auf griechisch-orthodoxem Gebiet fegen und umgekehrt. Aber irgendeiner hatte es – absichtlich oder nicht – allem Anschein nach eben doch wieder getan.

Warum nur mußte der Großputz Jahr für Jahr damit enden, daß die Polizei kam? Der Reiseführer war bekümmert, und seine Pilgergruppe war es auch. Nur wegen der ewigen Revierstreitigkeiten zwischen Armeniern und Griechisch-Orthodoxen hatten die Pilger nicht einmal einen Blick auf den vierzehnzackigen silbernen Stern werfen können. Dabei gehört ausgerechnet der vierzehnzackige silberne Stern weder den einen noch den anderen – der Stern ist vielmehr Besitz der Katholiken von der Katharinenkirche nebenan.

Aber die waren heute wohlweislich erst gar nicht erschienen.

Kunstschneeschlacht legt Verkehr lahm

Das Klima von George Town, der Hauptstadt der malaysischen Provinz Penang, ist tropisch. Die tiefste jemals gemessene Temperatur betrug 18 Grad, die Durchschnittstemperatur im Monat Dezember liegt bei über 30. Die Bevölkerung ist überwiegend chinesischer Abstammung und buddhistisch, die zweitgrößte Gruppe bilden muslimische Malaien, die drittgrößte hinduistische Inder. Christen gibt es zwar auch, aber sie haben es nicht leicht. In den übrigen Provinzen und in Malaysia insgesamt sind die Muslime in der Mehrheit, und alles, was nur im entferntesten nach Missionierung aussieht, ist den Christen per Gesetz verboten. In George Town hat das vor allem an Weihnachten Folgen. Am Heiligen Abend spielen sich hier höchst seltsame Szenen ab. Den Leuten von George Town fehlt jemand, der ihnen Weihnachten noch einmal richtig erklärt – vor allem den jungen Leuten.

Der Heilige Abend ist nicht das, wofür die Jugendlichen von George Town ihn neuerdings halten. Würde man sie fragen, was sie mit dem 24. Dezember verbinden, so wären die Stichwörter, die man am häufigsten genannt bekäme, wohl: Gurney Drive. Countdown. Schnee.

Der Gurney Drive: Das ist die Strandpromenade von

George Town. Der Countdown: Das ist das Herunterzählen der Sekunden bis zur Mitternacht. Und der Schnee: Das ist Schnee in der einzigen Form, in der man ihn in den Tropen kennt – als Kunstschnee nämlich, zu Dekorationszwecken, aus der Sprühdose. Der Heilige Abend in der malaysischen Provinzhauptstadt George Town sieht so aus, daß Tausende von ganz überwiegend chinesischen Jugendlichen, viele von ihnen mit einer langen roten Zipfelmütze auf dem Kopf, sich an der Strandpromenade versammeln, im Chor die Sekunden bis zur Mitternachtsstunde herunterzählen und sich dann mit Sprühdosen eine gewaltige Kunstschneeschlacht liefern.

Vor zehn Jahren hätte es so etwas in Malaysia noch nicht gegeben. Das Phänomen der Sprühschneeschlachten ist neu. Sprühschnee aus der Dose gibt es seit vielen Jahrzehnten, die Idee, ihn als Partywaffe zu verwenden, ist erst in jüngster Zeit aufgekommen. Doch sie hat sich durchgesetzt, und das mit verblüffender Geschwindigkeit. In wenigen Jahren ist die Sprühschneeschlacht zu einem festen Bestandteil der malaysischen Jugendkultur geworden, nicht nur in George Town, sondern auch in Kuala Lumpur und anderen Städten, und auch nicht nur an Heiligabend, sondern ebenso an Silvester und am Nationalfeiertag. Überall sind die Behörden gleichermaßen ratlos; die Entwicklung hat sie überrollt. Ganz besonders ratlos aber sind die Behörden in George Town.

Die Heiligabendschlacht am Gurney Drive ist wohl die wildeste von allen. Sie ist so etwas wie die Mutter aller Sprühschneeschlachten. Längst besprühen die Jugendlichen am Gurney Drive sich nicht mehr nur untereinander,

sie attackieren auch unbeteiligte Passanten und Motorrad-fahrer und Automobile. Sie besprühen den Motorradfah-rern die Helmvisiere und den Autos die Windschutzschei-ben. Sie bringen den Verkehr zum Erliegen. Sie steigen auf die Dächer der Autos, die sie zum Stehen gebracht haben, und sprühen von dort aus weiter. Sie kön-nen sich, was den Nachschub angeht, auf fliegende Händler verlassen, die das Geschäft längst gewittert haben und Sprühdosen gleich im Viererpack ver-kaufen. Sie kennen kein Halten und keine Grenzen mehr. Sie besprühen sogar Polizeifahrzeuge und bewerfen sie mit leergesprühten Dosen. Sie bräuchten wirklich sehr dringend jemanden, der ihnen Weihnachten noch einmal richtig und in aller Ruhe erklärt.

Aber wie gesagt: Diejenigen, die das könnten, dürfen es nicht. Malaysia will keine Missionierung. Malaysia will keine Stille Nacht. Und so kriegt es halt eine sehr, sehr laute.

Angriff der
Weihnachtsmänner

Weihnachtskatastrophen

aus

Ozeanien

Weihnachtsmannhorde verwüstet Großkino

Es muß nicht unbedingt etwas Böses bedeuten, wenn sich irgendwo in der Stadt plötzlich Weihnachtsmänner versammeln. Möglicherweise handelt es sich bloß um einen Rekordversuch. Eine Hilfsorganisation hat vielleicht die Bevölkerung aufgerufen, sich in Weihnachtsmannverkleidung möglichst zahlreich irgendwo einzufinden, und sammelt dabei Geld für einen guten Zweck.

Die etwa fünfzig Weihnachtsmänner allerdings, die in der neuseeländischen Stadt Christchurch zwei Tage vor Heiligabend in ein Großkino einfielen, taten das nicht zu einem guten Zweck. Was sie veranstalteten, war vielmehr ein sogenanntes Santacon: eine weihnachtliche Form der Randale, wie sie vor allem in Neuseeland, Australien, Großbritannien und den USA verbreitet ist. Man verkleidet sich, man zieht gemeinsam um die Häuser, und man benimmt sich schlecht.

Der Einfall der fünfzig Weihnachtsmänner dauerte nur etwa zwanzig Sekunden, doch der Schaden, den sie anrichteten, war beträchtlich. Es war noch hellichter Tag. In dem Großkino hielten sich viele Kinder auf. Die Weihnachtsmänner freilich – zu denen auch einige Frauen gehörten – scherten sich nicht darum und zeigten sich von

ihrer schlechtesten Seite. Sie riefen unanständige Wörter. Sie rissen Plakate von den Wänden. Sie stürzten den großen Weihnachtsbaum in der Lobby um. Und beim Verlassen des Gebäudes betätigte einer von ihnen gar noch einen Brandmelder und löste Feueralarm aus.

Es muß nicht unbedingt etwas Böses bedeuten, wenn sich irgendwo in der Stadt plötzlich Weihnachtsmänner versammeln, aber es kann. Der Manager des Großkinos hat die Weihnachtsmänner im nachhinein als Deppen bezeichnet, und augenscheinlich hatte er damit ja auch recht. Und trotzdem handelte es sich, wenn die Vermutungen der Polizei zutreffen, bei diesen Deppen immerhin um Studenten. Man darf die Santacon-Bewegung nicht unterschätzen. Sie findet Anhänger in allen Schichten. Sie appelliert an niedere Instinkte, die offenbar in jedem Weihnachtsmann stecken.

Die fünfzig Weihnachtsmänner von Christchurch dürften mit dem Erfolg ihres Besuchs zufrieden gewesen sein. Wegen des Feueralarms mußte das gesamte Kino evakuiert werden. Hunderte von Besuchern wurden aus den Vorführsälen geholt und hinaus auf die Straße geführt. Und die Weihnachtsmänner sind alle unerkannt entkommen: Das Kino hatte zwar Überwachungskameras, doch deren Bilder nützten natürlich nichts. Einer der Punkte, die die Santacon-Bewegung so attraktiv machen, ist die Anonymität, die einem das Kostüm verleiht.

»Ein Santacon«, hat ein Weihnachtsmann in Washington einmal einem Journalisten erklärt, »kennt keine Grenzen. Ist erst einmal eine kritische Masse von Weihnachtsmännern erreicht, kann alles passieren.« Die Santacon-Bewe-

gung ist noch jung. Mit einem Umzug von fünfunddreißig Weihnachtsmännern hat 1994 in San Francisco einmal alles angefangen. Inzwischen gibt es schon Santacons mit vielen hundert Teilnehmern. Und wenn sie sich nach wie vor auch noch klein ausnehmen neben den großen, wohltätigen Rekordversuchen, bei denen oft Tausende von Weihnachtsmännern zusammenkommen, so strahlen sie doch gleichzeitig auf diese ab. Es hat nämlich auch schon Vorkommnisse gegeben wie jenes in der walisischen Stadt Newtown: Tagsüber beteiligten sich zur Unterstützung verschiedener Hilfsorganisationen viertausend Menschen in Weihnachtsmannkostümen an einem Stadtlauf, am Abend lieferten sich dreißig dieser Weihnachtsmänner eine Massenschlägerei.

Ein jeder Weihnachtsmann besitzt auch seine dunkle Seite. Man hat bislang zwar noch von keinem wohltätigen Weihnachtsmannrekordversuch gehört, der insgesamt in einen Santacon umgekippt wäre, aber ausschließen will man die Möglichkeit nicht. Die bislang größte Zahl von Weihnachtsmännern, die sich im Guten versammelt haben, liegt bei vierzehntausend. Die Versammlung hat 2008 in der portugiesischen Stadt Porto stattgefunden, und nach allem, was man über sie gelesen hat, haben diese vierzehntausend Weihnachtsmänner keinerlei Anlaß zur Klage gegeben.

Doch wie gesagt: Ist erst einmal eine kritische Masse erreicht, kann alles passieren. Wenn die Santacon-Bewegung weiter so um sich greift, dann passiert es eines Tages auch.

Weihnachtsmarktrazzia überrascht Spielzeughändler

Der Inselstaat Samoa im Pazifik war einmal eine deutsche Kolonie, aber zu merken ist davon einhundert Jahre später nichts mehr. Selbst die Autos fahren neuerdings auf der linken Straßenseite. Die Bevölkerung wollte zwar bis zum Schluß nicht einsehen, was an der linken Straßenseite besser sein soll, doch der eigenwillige Premierminister hat es trotzdem durchgesetzt. Nach einhundert Jahren Rechtsverkehr wurde auf Samoas Straßen im September 2009 der Linksverkehr eingeführt.

Samoas Premierminister ist schon seit zwölf Jahren an der Regierung, seine Partei gar schon seit achtundzwanzig. Der Beschluß, das Land von Rechts- auf Linksverkehr umzustellen, ist nicht der einzige, der nach Ansicht vieler Menschen allzu einsam und eigenmächtig getroffen wurde. Samoa ist klein. Samoa hat bloß 180000 Einwohner. Man könnte über alles diskutieren, doch die Regierung lehnt Diskussionen immer häufiger ab.

Samoa ist ein friedliches Land, doch die selbstherrlichen Entscheidungen des Premierministers stiften Unfrieden. Bald waren es die Spielwarenhändler, die seine Willkür zu spüren bekamen. Ausgerechnet zwei Tage vor Weihnachten wurden auf einem Weihnachtsmarkt in der Hauptstadt

Apia plötzlich Kriminalbeamte vorstellig. Sie erkundigten sich speziell nach Spielzeugwaffen. Sie erklärten, daß der Handel mit ihnen verboten sei, und nahmen sie den Händlern weg. Die Händler hörten von einem solchen Verbot zum ersten Mal. Samoa besitzt zwar nicht einmal eigene Streitkräfte, aber so friedliebend, daß sogar Wasserpistolen tabu wären, ist es nun auch wieder nicht.

Die Händler haben natürlich protestiert. Spielzeugwaffenhandel ist ein Saisongeschäft. Fünfzig Prozent aller Spielzeugwaffen werden in der Adventszeit verkauft, nicht nur auf Samoa, sondern überall auf der Welt. Die Händler haben noch am selben Abend versucht, ihre Ware wieder freizubekommen. Sie haben sofort nach Marktschluß die Dienststelle der Beamten aufgesucht und eine Erklärung verlangt. Was für ein Verbot war das? Wieso hatten sie von ihm noch nie gehört? Woher und seit wann hätte es ihnen bekannt sein sollen?

Die Menschen von Samoa lassen sich viel gefallen, doch die Launen ihres Regierungschefs geben Anlaß zur Sorge. Bereits die Proteste gegen die Umstellung auf Linksverkehr sind nicht mehr durchweg gewaltfrei verlaufen. Eine neue Oppositionspartei ist entschlossen, die Regierung im nächsten Jahr zu stürzen. Und seit Weihnachten dürfte die Partei noch mehr Zulauf haben, sowohl von Eltern, die ihren Kindern keine Spielzeugwaffen mehr schenken konnten, als vor allem auch von Einzelhändlern und anderen Selbständigen.

Denn die Antwort, die man den protestierenden Händ-

lern auf der Polizeidienststelle gab, war eine Unverschämtheit. Ihre Beschwerden, so bekamen sie zu hören, seien unbegründet. Die Entscheidung, den Spielzeugwaffenhandel zu verbieten, sei, wenn auch kurzfristig, so doch immer noch früh genug bekanntgegeben worden. Jedem, der die Meldung im Fernsehen gesehen habe, sei noch ausreichend Zeit geblieben, sich auf das Verbot einzustellen. Es sei, so mußten die Händler sich sagen lassen, schon ihre eigene Schuld, wenn sie am Abend zuvor nicht ferngesehen hätten.

Spielzeug setzt Kinder unter Drogen

Man kennt Gamma-Hydroxybuttersäure vor allem unter der Bezeichnung K.-o.-Tropfen. Man weiß: Gamma-Hydroxybuttersäure – oder kurz: GHB – schmeckt nach nichts und riecht nach nichts und macht bewußtlos, wenn man sie ins Getränk geschüttet bekommt. Aber je nach Dosierung kann GHB noch einiges mehr. In der Medizin wird es als Narkosemittel benutzt, bei Bodybuildern als Dopingmittel und in der Partyszene als Aufputschmittel. Und GHB hat nahe Verwandte wie etwa das in der Kunststoffindustrie oft verwendete Weichmachungsmittel 1,4-Butandiol, oft einfach als BDO bezeichnet. Auch BDO kann man als Doping- oder als Aufputschmittel benutzen: Im menschlichen Körper wandelt es sich in GHB um. Bodybuilder und Partygänger schlucken BDO häufig, wenn GHB nicht verfügbar ist. Und im Jahr 2007 haben eine Zeitlang sogar Kinder BDO geschluckt. Sie haben es natürlich nicht wissentlich getan. Sie wollten sich weder dopen noch aufputschen. Und die Wirkung, die es bei ihnen hatte, war dann auch eher die von K.-o.-Tropfen.

Die Kinder haben mit sogenannten *Bindeez* gespielt – kleinen bunten Plastikperlen, aus denen sich auf einem Gitter Bilder legen lassen. Das Spiel war neu. Eine austra-

lische Firma hatte es entwickelt und beste Kritiken dafür erhalten. Der Verkauf ließ sich ausgezeichnet an. Fünf Millionen Exemplare waren Anfang November 2007 weltweit bereits ausgeliefert, und das Weihnachtsgeschäft versprach blendend zu werden. Sebstverständlich hatte die Firma die Plastikperlen in China herstellen lassen, aber selbstverständlich hatte sie mit dem chinesischen Hersteller auch ganz genau vereinbart, welche Stoffe bei der Herstellung verwendet werden sollten. Kinder nehmen Spielsachen in den Mund. Kinder verschlucken sie mitunter sogar. Es wäre insofern wichtig gewesen, daß der chinesische Hersteller sich an die Vereinbarungen auch hält. Doch bald nachdem die ersten Kinder beim Spielen mit *Bindeez* in Ohnmacht gefallen waren, war klar: Er hatte es nicht getan.

Aus dem blendenden Weihnachtsgeschäft ist so nichts geworden. Für die Beschichtung der Plastikperlen war als  Weichmachungsmittel 1,5-Pentandiol vereinbart gewesen: ein Mittel, dessen Harmlosigkeit als erwiesen gilt und das als Bestandteil von Kinderspielzeug überall auf der Welt erlaubt ist. Was die Chinesen aber tatsächlich verwendet hatten, das war das deutlich billigere 1,4-Butandiol: BDO also. Innerhalb weniger Tage wurden im November 2007 mehr als ein Dutzend Kinder in Australien, Neuseeland und den USA ins Krankenhaus gebracht. Ihnen war schwindelig, ihnen war übel, sie waren benommen, müde und teilweise sogar bewußtlos. Und natürlich blieb der australischen Firma und ihren Vertriebspartnern gar nichts anderes übrig, als das Spiel sofort und weltweit aus dem Handel zu nehmen.

Alle Kinder waren nach ein paar Tagen wieder gesund. Das Spiel hatte ihre Kreativität fördern sollen, und sie hatten es mit der Kreativität nur ein wenig übertrieben. Sie hatten sich zu den Plastikperlen nicht bloß Bilder einfallen lassen, sie hatten sich auch noch einfallen lassen, die Perlen zu essen. Im Körper hatte die Beschichtung sich dann in GHB umgewandelt. Gleichzeitig mit ihrer ersten künstlerischen Erfahrung hatten die Kinder auch ihre erste Drogenerfahrung gemacht.

Sie haben den GHB-Rausch schließlich heil überstanden, aber ein Schock ist es natürlich trotzdem gewesen – für die Kinder, für die Eltern, für die Spielzeugbranche insgesamt. Vor allem war es nicht der erste. Es hatte schon zuvor immer wieder Skandale gegeben um giftiges Spielzeug aus China. Der Ruf der chinesischen Spielzeugindustrie hatte gelitten, und die chinesische Aufsichtsbehörde griff, nicht zum ersten Mal in diesem Jahr, hart durch. Dem Hersteller der *Bindeez*, einem Unternehmen in Shenzhen, wurde die Exporterlaubnis entzogen. Es kam einer Stillegung des Betriebs gleich, doch der Aufsichtsbehörde blieb keine andere Wahl.

Aber sind es wirklich allein Kostengründe gewesen, die den Hersteller in Shenzhen dazu bewogen haben, sich nicht an die Absprachen zu halten und die Plastikperlen mit dem potentiellen Rauschgift BDO zu beschichten? War ihm die Verwendungsmöglichkeit von BDO als Droge wirklich nicht bekannt?

Womöglich ging es in Wahrheit ja gar nicht um den

Spielzeug-, sondern vielmehr um den Drogenmarkt. Womöglich wurde der Hersteller in Shenzhen ja nur benutzt. Womöglich haben in Wahrheit nur chinesische Drogenhändler einen neuen Vertriebsweg testen wollen.

Man will es nicht ausschließen und man denkt an Meldungen wie die aus Los Angeles im November 2009. Dem amerikanischen Zoll fiel damals im Hafen eine Lieferung aus China in die Hände, die sage und schreibe 316 000 sogenannte Bongs enthielt: gläserne Wasserpfeifen also speziell für das Rauchen von Haschisch. In den Frachtpapieren hatte von Bongs natürlich nichts gestanden. Die Einfuhr und der Vertrieb von Bongs ist in den USA verboten. In die Frachtpapiere hatten die Absender etwas ganz anderes geschrieben, und man fragt sich allmählich, ob es eigentlich noch irgend etwas auf der Welt gibt, wofür Weihnachten als Ausrede nicht herhalten muß. In den Papieren nämlich war angegeben, bei der Fracht handele es sich um Christbaumkugeln.

Indios feiern Fest der Hiebe

Man sollte meinen, eine Stadt trägt nicht umsonst den Namen eines der zwölf Apostel. Man sollte meinen, eine Stadt, die schon Sankt Thomas heißt, wäre zumindest in Grundzügen christlich. Man sollte erwarten, daß in einer solchen Stadt zu Weihnachten auch irgendeine Art von Weihnachtsfeier stattfindet, die man als solche zumindest noch erkennt. Doch im Fall der peruanischen Provinzhauptstadt Santo Tomás hätte man sich dann verschätzt. In Santo Tomás feiert man an Weihnachten Takanakuy. Und das Wesentliche an Takanakuy ist, daß man sich zwei Tage lang unter freiem Himmel prügelt.

Volkskundler können nicht wirklich sagen, wie der Brauch entstanden ist. Klar scheint nur, daß er jedenfalls keine christlichen Wurzeln hat. Santo Tomás ist die Hauptstadt einer sehr entlegenen Provinz hoch oben in den Anden. Ihre Bewohner sind Bauern, und die Sprache, die sie sprechen, ist nicht Spanisch, sondern Ketschua: die Sprache der alten Inkas. Takanakuy ist ein Begriff aus dem Ketschua; er setzt sich zusammen aus den Wörtern »takay«, prügeln, und »nakuy«, zwischen zweien.

Dutzende von Großfamilien kommen für diese Fest von ihren Dörfern und Höfen in die Stadt gezogen und tref-

fen aufeinander. Sie tragen bunte Kostüme und wilde Masken, jede Familie in einem eigenen Stil. Sie sind maskiert als Tiere oder als Sagengestalten oder auch als Fabelwesen aus irgendeiner Fernsehsendung. Sie singen und tanzen und betrinken sich. Sie versammeln sich größtenteils in der Stierkampfarena von Santo Tomás, aber sie finden sich auch anderswo zu kleineren Aufläufen zusammen. Sie bilden Kreise, und in der Mitte eines Kreises wird gekämpft. Zwei Männer, zwei Frauen oder zwei Kinder schlagen und treten wild aufeinander ein.

Weit über hundert, vielleicht sogar mehrere hundert Kämpfe werden an den beiden Weihnachtstagen ausgetragen, und Tausende von Menschen sehen ihnen zu. Man schlägt sich mit bloßen Fäusten, so lange, bis jemand zu Boden geht. Es fließ viel Blut, und das ist gut so. Viel Blut, so glauben die Bauern, bringt eine reiche Ernte. Der Sieger hilft dem Verlierer wieder auf die Beine, und zum Abschluß umarmt man sich. Takanakuy ist zwar ein sehr gewalttätiges Fest, aber die Gewalt ist nicht sinnlos. Man prügelt sich, damit man sich wieder vertragen kann.

Takanakuy ist ein Fest der Abrechnungen. Wer sich am ersten und zweiten Weihnachtstag in Santo Tomás miteinander schlägt, der hat irgendwann im Laufe des Jahres Streit gehabt. Man schlägt sich nicht mit Fremden. Man kennt sich. Man hat sich um ein Stück Land oder ein Stück Vieh gestritten oder um eine Frau oder einen Mann, und man hat schließlich vereinbart, den Streit an Weihnachten beim Takanakuy auszutragen. Die Schlägereien in Santo

Tomás sind verabredete Schlägereien. Es entlädt sich, ganz so, wie wir das auch von unseren Weihnachtsfeiern kennen, sehr viel Wut. Anders als bei uns aber ist diese Entladung gewollt.

Die Volkskundler wissen nicht, wie Takanakuy entstanden ist, doch daß es ein sehr altes Fest ist, steht außer Frage. Es muß nicht immer die Form besessen haben, die es heute hat. Vielleicht ist das Element der Prügelei sogar erst nach und nach hinzugekommen und in den Mittelpunkt gerückt. Vielleicht waren Schlägereien ursprünglich einmal genauso unerwünscht, wie sie es bei unseren Weihnachtsfeiern heute noch sind. Oder umgekehrt: Vielleicht wird man auch bei uns irgendwann dazu übergehen, die Schlägerei auf der Weihnachtsfeier gleich im voraus zu verabreden? Wir wissen es nicht. Wir wissen nur: Einem Volkskundler aus Peru könnte manche Weihnachtsfeier in Europa durchaus heute schon so vorkommen wie eine primitive Vorstufe von Takanakuy.

Irgend etwas jedenfalls muß bei uns geschehen. So wie bisher kann es nicht weitergehen. Für jeden vierten Deutschen, so hat eine Umfrage im November 2009 ergeben, bedeutet Weihnachten vor allem Streß. Fast jeder fünfte würde Weihnachten am liebsten abschaffen. Weihnachten in seiner jetzigen Form kostet uns zu viel Kraft. Wir sind angespannt. Wir sind besorgt. Wir haben Angst, daß es zum Streit kommen könnte. Wir wenden die meiste Kraft dafür auf, uns zusammenzureißen und den Streit zu vermeiden. Szenen, wie sie sich an Weihnachten auf den Straßen von Santo Tomás abspielen, wären für uns eine Katastrophe. Aber weshalb eigentlich?

Weihnachten in Santo Tomás in der peruanischen Provinz Chumbivilcas: Das sind zwei Tage der Gewalt, aber ebenso der Versöhnung. Nach zwei Tagen sind alle Rechnungen beglichen. Man hat reinen Tisch gemacht. Man hat sich geprügelt, doch danach hat man sich auch wieder in den Armen gelegen. Es ist eine Art zu feiern, die uns vorläufig noch ganz und gar fremd erscheint. Und trotzdem müssen wir zugeben, daß sie der unseren in gewisser Weise überlegen ist.

Wir haben Angst vor Weihnachten. Die Bauern von Santo Tomás freuen sich drauf.

Quellenverzeichnis

Vorwort

Weihnachten – ein Spiel mit dem Feuer

The Blade/Toledo (Ohio), 9. Dezember 1995; Contractor UK/London, 24. Dezember 2003; Daily Telegraph/London, 21. Dezember 2009

Sonderkommission Plätzchendiebstahl

Weihnachtskatastrophen aus Deutschland

Frankfurt/Main: Sonderkommission ermittelt in Plätzchendiebstahl

Frankfurter Rundschau, 12. Dezember., 15. Dezember. und 19. Dezember 2008; Wirtschaftswoche (dpa/AP), 15. Dezember 2008; Berliner Morgenpost (ddp), 2. Juni 2009

Kassel: Spendenaktion verbittet sich Spenden

Extra Tip/Kassel, 14. Dezember 2008; nh24.de, 15. Dezember 2009; Hessische/Niedersächsische Allgemeine Zeitung/Kassel, 16. Dezember 2009; Die Welt/Berlin, 25. Dezember 2009

Hamburg: Weihnachtsbaum stürzt in Einkaufspassage

Hamburger Abendblatt, 25. November 2009

Erzgebirge: Preiskampf spaltet Weihnachtshauptstadt

Chemnitzer Morgenpost, 7. Dezember 2006; Berliner Zeitung, 23. Dezember 2006; Deutsche Welle, 25. Dezember 2006; Freie Presse, 10. März 2007; taz, 12. Dezember 2007; Mannheimer Morgen, 2. Dezember 2008; Handelsblatt, 13. Dezember 2009

Erlangen: Weihnachtsbaumsuche endet mit Großalarm
dpa, 7. Dezember 2009; Berliner Morgenpost, 11. Dezember 2009; Fränkischer Tag, 20. Dezember 2009; Die Welt, 20. Dezember 2009

Berlin: Schulklasse bleibt in Weihnachtskarussell stecken
BZ Berlin, 16. Dezember 2009; Berliner Morgenpost, 16. Dezember 2009

Ingolstadt, Lübeck, Soest, Freiburg: Einzelhandel drückt sich um Weihnachtsbeleuchtung
Lübecker Nachrichten, 18. Oktober 2008; Augsburger Allgemeine, 30. Januar 2009; Westfalenpost, 19. November 2009; Badische Zeitung, 25. November 2009

Frankfurt/Main: Polizisten randalieren nach Weihnachtsfeier
Frankfurter Rundschau, 13. Januar 2009; Bild-Zeitung, 13., 14. und 15. Januar 2009; Frankfurter Allgemeine Zeitung, 14. Januar 2009

Seddin: Rocker büßen für Weihnachtsgefühle
dpa, 13. Dezember 1996; Märkische Allgemeine Zeitung, 13. Januar 2009; Potsdamer Neueste Nachrichten, 23. Juni 2009; Frankfurter Allgemeine Zeitung, 30. Januar 2010

Die Auferstehung der Weihnachtsziege
Weihnachtskatastrophen aus Europa

Gävle: Bürger bangen um Julbock
The Local/Stockholm, 4. Dezember 2005; New Scientist/London, 29. Dezember 2007; The Nordstjernan/New Canaan (USA), 6. Dezember 2009

Oberösterreich: Weihnachtsfeier endet mit Fenstersturz
Neues Volksblatt/Linz, 22. Dezember 2009; Österreich/Wien, 22. Dezember 2009

Swansea: Hund verletzt sich an Christbaumkugel

PDSA Annual Review 2007/Großbritannien, 18. August 2008; Yell.com/Großbritannien, 17. Dezember 2009

Laukaa: Rentner vergiften Glühwein

Ilta-Sanomat/Helsinki, 16. und 17. Dezember 2009

Lublin: Kirchenjugend protestiert gegen Klopapier

Express Ilustrowany, 28. November 2007; pardon.pl, 12. Dezember 2007; Daily Telegraph/London, 19. Oktober und 21. Dezember 2009

Kischinau: Staatspräsident verbietet Weihnachtsbaum

Moldova Azi/Kischinau, 10. Dezember 2007; AFP, 17. Dezember 2007; Reuters, 20. Dezember 2007; Prime Time Russia/Washington, 17. Dezember 2008; Omega/Bukarest, 10. Dezember 2009; Radio Free Europe/Prag, 23. Dezember 2009

Rotterdam: Jugendliche fliehen vor Weihnachtsmusik

De Standaard/Dilbeek, 7. Dezember 2005; Spiegelonline.de, 24. April 2009

Birmingham: Weihnachtsshow mündet in Massenpanik

Birmingham Mail, 13. November 2009; BBC News, 14. November 2009; The Guardian/London, 15. November 2009; Frankfurter Rundschau, 16. November 2009; Spiegelonline.de, 13. Dezember 2009

Yorkshire: Fliegender Weihnachtsmann verursacht Fehlalarm

Daily Telegraph/London, 4. Januar 2009

Treffen: Eindringling stört Familienfeier

orf.at, 27. Dezember 2008; Kleine Zeitung/Graz, 27. Dezember 2008

Växjö: Schulklasse entlarvt Weihnachtsdiskriminierung

reklamombudsmannen.org/Stockholm, 27. August 2009; Smalandsposten/Växjö, 5. Oktober 2009; The Local/Stockholm, 26. Dezember 2009

Prag: Weihnachtsbaum kippt auf Weihnachtsmarkt
Radio Prag, 8. Dezember 2003; ČTK, 11. Mai 2006; BBC News, 26. April 2007; iDNES.cz, 9. Dezember 2003, 21. April 2004, 26. April und 28. November 2007

Der Kirchenchor der Hölle
Weihnachtskatastrophen aus Afrika

Kampala: Kirchenchor stört Mittagsschlaf
The Monitor/Kampala, 27. Dezember 2009; NTV Uganda, 27. Dezember 2009

Okitipupa: Weihnachtsbesuch verwüstet Bezirksverwaltung
Next/Lagos, 25. Dezember 2009; Daily Independent/Lagos, 31. Dezember 2009; The Nation/Lagos, 11. Januar 2010

Jingle Bells vor Gericht
Weihnachtskatastrophen aus Amerika

Phoenix: Strafgefangener klagt gegen Weihnachtsbeschallung
Hamburger Abendblatt, 8. Dezember 2003; Radio Prag, 19. Dezember 2003; Frankfurter Allgemeine Sonntagszeitung, 21. Dezember 2003; Washington Times, 19. Dezember 2009; Arizona District Court: Curley v. Arpaio, 4. Januar 2010

Oregon: Weihnachtsgeschenk bringt Familie in Lebensgefahr
Corvallis Gazette Times/Oregon, 28. Dezember 2009; Associated Press, 1. Januar 2010

Vail: Esel fliehen vor Krippenspiel
Pittsburgh Morning Sun, 8. Dezember 2009; Vail Daily, 24. Dezember 2009

Conroe: Weihnachtsmann hängt in der Luft
wcbstv.com, 19. November 2007

Chicago: Schauspieler erlebt unschöne Bescherung
CNN, 22. Dezember 2009; Chicago Sun Times, 24. Dezember 2009; Star Courier/Kewanee, 30. Dezember 2009

Guadalupe: Ferienende treibt Schuljungen zur Verzweiflung
El Norte/Monterrey, 8. Januar 2008

New York/London: Kinder geben nichts mehr auf den Weihnachtsmann
dpa, 5. Dezember 1996; New York Times, 28. November 2003, 16. Dezember 2003 und 14. Dezember 2004; The Times/London, 6. November 2004; Frankfurter Allgemeine Zeitung, 9. Dezember 2004; Daily Telegraph/London, 27. November 2008, 8. Dezember 2008 und 26. November 2009; The Register/London, 22. September 2009; BBC News, 22. Februar 2010

Balneário Camboriú: Riesenweihnachtsmann fängt Feuer
Prefeitura de Balneário Camboriú (Pressemitteilung), 12. November 2009; Jornal de Balneário Camboriú, 19. November 2009

San Clemente: Weihnachtsbaumsurfer erleidet Verkehrsunfall
The Orange County Register, 28. Dezember 2009; NBC San Diego, 29. Dezember 2009

Sternsinger unter Beschuß
Weihnachtskatastrophen aus Asien

Calamba City: Bäcker schießt auf Sternsinger
Sun Star/Davao, 18. Dezember 2007; The Freeman/Cebu, 27. November 2009; Philippine Daily Inquirer/Makati, 27. Dezember 2009

Yiwu: Weihnachtsmaus des Mißbrauchs verdächtigt

The Independent/London, 8. Oktober 2009; Language Log/Philadelphia, 7. Dezember 2009; Dorset Echo, 11. Dezember 2009; China Daily, 25. Dezember 2009

Moskau, Archangelsk, Wladiwostok: Wie sicher sind Rußlands Weihnachtsbäume?

Rußland aktuell, 21. und 31. Dezember 2009; Pravda, 30. Dezember 2009; Daily Telegraph/London, 31. Dezember 2009; ITAR-TASS, 1. Januar 2010

Demre: Weihnachtsmann entfacht Denkmalstreit

Los Angeles Times (AP), 26. Dezember 2004; Washington Post, 24. März 2005; Pravda, 14. Februar 2006; Radikal/Istanbul, 20. Dezember 2008; Hürriyet/Istanbul, 26. Dezember 2008; Frankfurter Allgemeine Zeitung, 7. Januar 2010

Bethlehem: Mönche liefern sich Massenschlägerei

The Punch/Lagos, 30. Dezember 2009; Forward/New York, 28. März 2008

George Town: Kunstschneeschlacht legt Verkehr lahm

The Star/Petaling Jaya, 27. Dezember 2007 und 27. Dezember 2008; Malaysian Mirror/Petaling Jaya, 27. Dezember 2009

Saint-Blaise: Einbrecher bestehlen Weihnachtsmann

Le Matin/Lausanne, 22. Dezember 2009; Philippine Daily Inquirer/Makati, 26. Dezember 2009

Angriff der Weihnachtsmänner
Weihnachtskatastrophen aus Australien

Christchurch: Weihnachtsmannhorde verwüstet Großkino

Washington Post, 15. Dezember 2002; BBC NEWS, 10. Dezem-

ber 2004; Sydney Morning Herald, 24. Dezember 2007; Daily Tele-
graph/London, 14. Dezember 2008

Apia: Weihnachtsmarktrazzia überrascht Spielzeughänd-ler

Die Zeit, 23. Dezember 2008; The Guardian (AP), 8. September
2009; Samoa Observer, 24. Dezember 2009

Melbourne, Shenzhen, Los Angeles: Spielzeug setzt Kinder unter Drogen

Spiegel online, 8. November 2007; Frankfurter Allgemeine Sonntags-
zeitung, 11. November 2007; Blick/Zürich, 12. November 2007; Bei-
jing Review, 13. Dezember 2007; Los Angeles Times, 19. November
2009

Nachwort

Santo Tomás: Indios feiern Fest der Hiebe

El Peruano/Lima, 7. Juli 2008; La Republica/Lima, 31. Dezember
2008; dpa, 11. Dezember 2009; Correo Peru/Lima, 27. Dezember
2009

Jörg Metes / Tex Rubinowitz. Die sexuellen Phantasien der Kohlmeisen. Listen, die die Welt erklären. KiWi 1159

Anders als alle anderen Listenbücher: Dieses Buch enthält keine Fakten, kein Partywissen, keine nützlichen Details. Die Autoren haben keine Zeit mit Recherchen verplempert, stattdessen präsentieren sie feinen Unfug, absurden Spaß – herrlichen Quatsch!

Das Wissen der Menschheit wächst ins Unermessliche, der Mensch jedoch verliert den Überblick. Dieser Notstand hat Jörg Metes und Tex Rubinowitz nicht ruhen lassen, und so haben sie wieder Ordnung ins Chaos gebracht.

www.kiwi-verlag.de